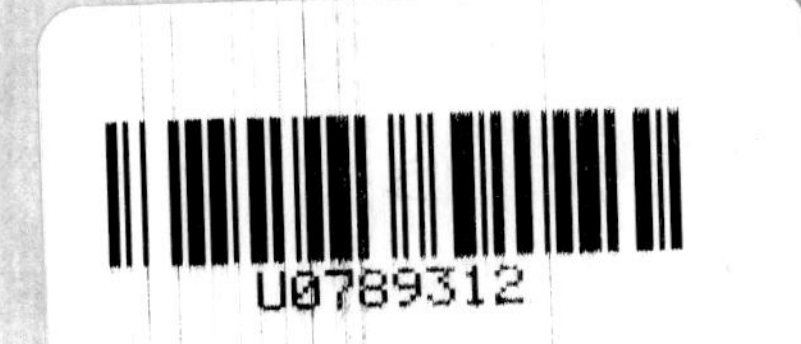

印光法師校訂　弘化社編輯

淨土五經

中華書局

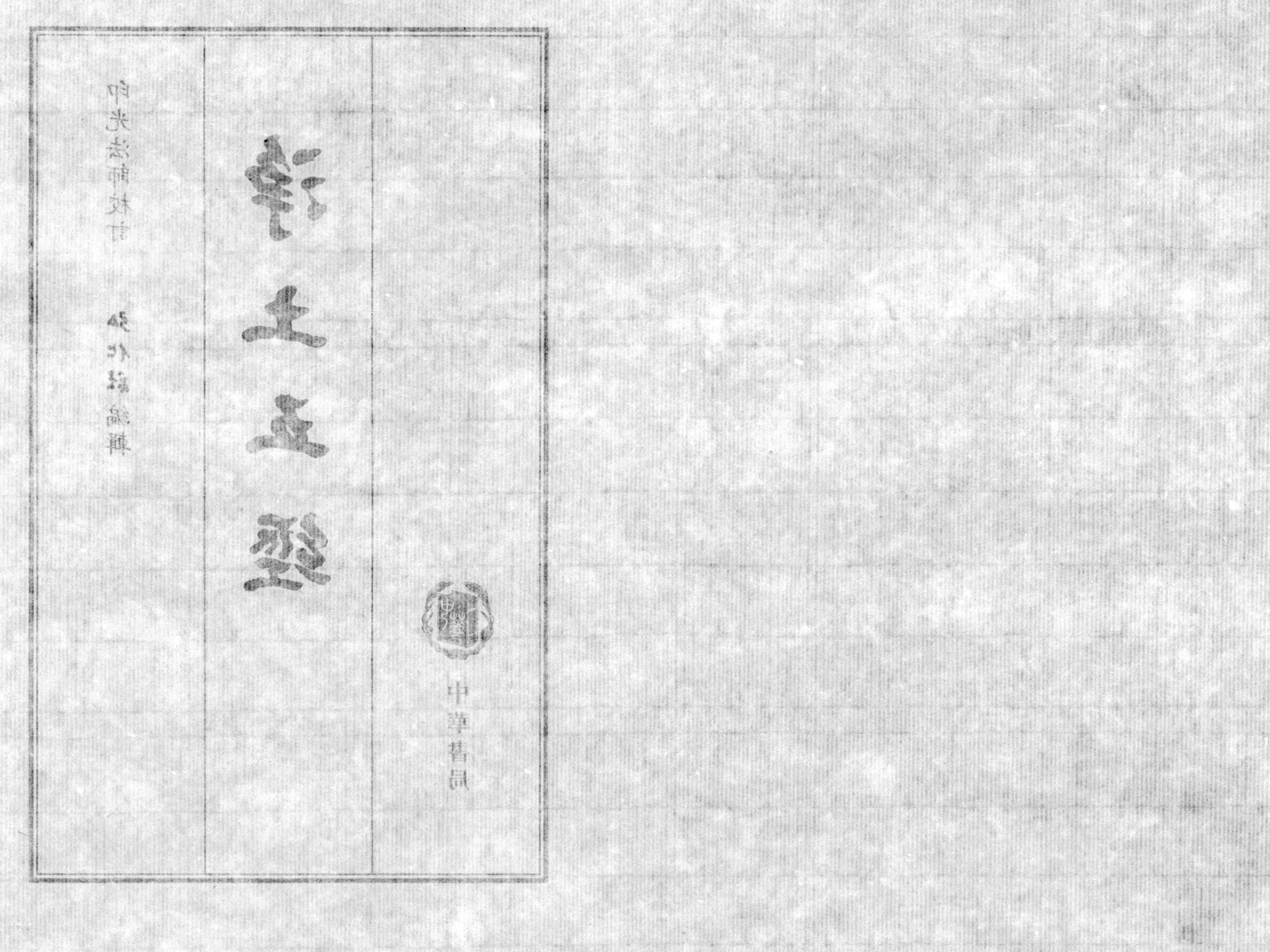

淨土五經

附淨行品
附清淨明誨

佛說阿彌陀經
佛說觀無量壽佛經
佛說無量壽經
楞嚴經勢至菩薩念佛章
華嚴經普賢菩薩行願品

一切佛經·及闡揚佛法諸書·無不令人趨吉避凶·改過遷善·明三世之因果·識本具之佛性·出生死之苦海·生極樂之蓮邦。讀者必須生感恩心·作難遭想·淨手潔案·主敬存誠·如面佛天·如臨師保·則無邊利益·自可親得。若肆無忌憚·任意褻瀆·及固執管見·妄生毀謗·則罪過彌天·苦報無盡矣。奉勸世人·各垂明鑑。

釋印光謹白

淨土五經重刊序

淨土法門·其大無外。三根普被·利鈍全收。九界衆生·捨此則上無以圓成佛道。十方諸佛·離此則下無以普度羣萌。一切法門·無不從此法界流。一切行門·無不還歸此法界。若論大機所見·肇始實在華嚴。以善財徧參知識·末後於普賢座下·蒙其威神加被·所證者與普賢等·與諸佛等·是爲等覺菩薩。普賢乃以十大願王·勸進善財及與華藏海衆四十一位法身大士·回向往生西方極樂世界·以期圓滿佛果·而爲華嚴一經歸宗結頂之法。然則華嚴明一生成佛之法·而歸宗於求生淨土。是知淨土一法·乃十方三世一切諸佛·上成佛道·下化衆生·成始成終之

無上大法也。此殆大機所見·二乘尚不見聞·況具縛凡夫乎。迨至方等會上·特爲專說淨土三經·俾一切若凡若聖·同事修持·以期現生出此五濁·登彼九蓮也。佛在摩竭提國·靈鷲山中·說阿彌陀佛最初因地·棄國出家·發四十八願。又復久經長劫·依願修行。迨至福慧圓滿·得成佛道。所感之世界·莊嚴妙莫能名。十方諸佛咸讚歎·十方菩薩·與回小向大之二乘·具足惑業之凡夫·咸得往生。等蒙攝受·是爲無量壽經。於摩竭提國王宮中·說淨業三福·十六妙觀。俾一切衆生·悉知是心作佛·是心是佛·諸佛正徧知海·從心想生。則是心作衆生·是心是衆生·衆生煩惱業海·從心想生之義·便已彰明校著。果能深明此義·誰肯枉

受輪迴。末明九品生因・以期各修上品。是爲觀無量壽佛經。在舍衛國・給孤園中・說淨土依正妙果・令生信・勸諸聞者・應求往生以發願・復令行者・執持名號以立行。信願行三・爲淨土法門之綱宗・具此三法・或畢生執持・已得一心。或臨終方聞・止稱十念。均得蒙佛接引・往生西方。是爲阿彌陀經。此三乃專談淨土之經・而阿彌陀經・攝機尤普。以故禪教律各宗・咸皆奉爲日課焉。諸大乘經・帶說淨土者・多難勝數・而楞嚴經大勢至念佛圓通章・實爲念佛最妙開示。衆生果能都攝六根・淨念相繼・以念豈有不現前當來・必定見佛・近證圓通・遠成佛道乎哉。故將此章・列於三經之後・而以普賢行願品殿之・以成淨土法門之一大緣起。令諸閱者・知此一法・大暢佛懷・校彼仗自力斷惑證眞以了生死者・其難易奚啻天淵懸殊。以故九界同歸・十方共讚千經俱闡・萬論均宣也。金陵淨土四經板・已經模糊・修淨業者・苦無最清爽之讀本。因爲鑄板・以勢至念佛圓通章・附於三經之後・稱爲淨土五經。若論法門緣起・宜以無量壽經爲首・今爲便於讀誦・故以阿彌陀經爲首。閱者諒之。

民國二十二年歲次癸酉夏曆元旦常慚愧僧釋印光謹撰

佛說阿彌陀經

姚秦三藏法師鳩摩羅什譯

如是我聞、一時、佛在舍衛國、祇樹給孤獨園。與大比丘僧千二百五十人俱。皆是大阿羅漢、衆所知識。長老舍利弗、摩訶目犍連、摩訶迦葉、摩訶迦旃延、摩訶俱絺羅、離婆多、周利槃陀伽、難陀、阿難陀、羅睺羅、憍梵波提、賓頭盧頗羅墮、迦留陀夷、摩訶劫賓那、薄拘羅、阿㝹樓駄、如是等諸大弟子、并諸菩薩摩訶薩、文殊師利法王子、阿逸多菩薩、乾陀訶提菩薩、常精進菩薩、與如是等諸大菩薩。及釋提桓因等、無量諸天大衆俱。爾時佛告長老舍利弗、從是西方、過十萬億佛土、有世界名曰極樂。其土有佛號阿彌陀、今現在說法。舍利弗、彼土何故名爲極樂。其國衆生、無有衆苦、但受諸樂、故名極樂。又舍利弗、極樂國土、七重欄楯、七重羅網、七重行樹、皆是四寶周帀圍繞、是故彼國名爲極樂。又舍利弗、極樂國土、有七寶池、八功德水充滿其中。池底純以金沙布地。四邊階道、金銀瑠璃玻瓈合成。上有樓閣、亦以金銀瑠璃玻瓈硨磲赤珠碼碯、而嚴飾之。池中蓮華、大如車輪、靑色靑光、黃色黃光、赤色赤光、白色白光、微妙香潔。舍利弗、極樂國土、成就如是功德莊嚴。又舍利弗、彼佛國土、常作天樂、黃金爲地。晝夜六時、雨天曼陀羅華。其土衆生、常以淸旦、各以衣裓、盛衆妙華、供養他方十萬億佛。卽以食時、還到本國、飯食經行。

舍利弗·極樂國土·成就如是功德莊嚴。復次舍利弗·彼國常有種種奇妙雜色之鳥·白鶴·孔雀·鸚鵡·舍利·迦陵頻伽·共命之鳥·是諸衆鳥·晝夜六時·出和雅音。其音演暢五根·五力·七菩提分·八聖道分·如是等法。其土衆生·聞是音已·皆悉念佛念法念僧。舍利弗·汝勿謂此鳥·實是罪報所生。所以者何·彼佛國土·無三惡道。舍利弗·其佛國土·尚無惡道之名·何況有實。是諸衆鳥·皆是阿彌陀佛·欲令法音宣流·變化所作。舍利弗·彼佛國土·微風吹動諸寶行樹·及寶羅網·出微妙音。譬如百千種樂·同時俱作。聞是音者·自然皆生念佛念法念僧之心。舍利弗·其佛國土·成就如是功德莊嚴。舍利弗·於汝意云何·彼佛何故號阿彌陀。舍利弗·彼佛光明無量·照十方國·無所障礙·是故號爲阿彌陀。又舍利弗·彼佛壽命·及其人民·無量無邊阿僧祇劫·故名阿彌陀。舍利弗·阿彌陀佛·成佛已來·於今十劫。又舍利弗·彼佛有無量無邊聲聞弟子·皆阿羅漢·非是算數之所能知。諸菩薩衆·亦復如是。舍利弗·彼佛國土·成就如是功德莊嚴。又舍利弗·極樂國土·衆生生者·皆是阿鞞跋致。其中多有一生補處·其數甚多·非是算數所能知之·但可以無量無邊阿僧祇說。舍利弗·衆生聞者·應當發願·願生彼國。所以者何·得與如是諸上善人俱會一處。舍利弗·不可以少善根福德因緣·得生彼國。舍利弗·若有善男子善女人·聞說阿彌陀佛·執持名號·若一日·若二日·若三日·

若四日、若五日、若六日、若七日、一心不亂。其人臨命終時、阿彌陀佛、與諸聖衆、現在其前。是人終時、心不顛倒、卽得往生阿彌陀佛極樂國土。舍利弗、我見是利、故說此言。若有衆生、聞是說者、應當發願、生彼國土。舍利弗、如我今者、讚歎阿彌陀佛不可思議功德之利。東方亦有阿閦鞞佛、須彌相佛、大須彌佛、須彌光佛、妙音佛、如是等恆河沙數諸佛。各於其國、出廣長舌相、徧覆三千大千世界、說誠實言。汝等衆生、當信是稱讚不可思議功德一切諸佛所護念經。舍利弗、南方世界有日月燈佛、名聞光佛、大燄肩佛、須彌燈佛、無量精進佛、如是等恆河沙數諸佛。各於其國、出廣長舌相、徧覆三千大千世界、說誠實言。汝等衆生、當信是稱讚不可思議功德一切諸佛所護念經。舍利弗、西方世界有無量壽佛、無量相佛、無量幢佛、大光佛、大明佛、寶相佛、淨光佛、如是等恆河沙數諸佛。各於其國、出廣長舌相、徧覆三千大千世界、說誠實言。汝等衆生、當信是稱讚不可思議功德一切諸佛所護念經。舍利弗、北方世界有燄肩佛、最勝音佛、難沮佛、日生佛、網明佛、如是等恆河沙數諸佛。各於其國、出廣長舌相、徧覆三千大千世界、說誠實言。汝等衆生、當信是稱讚不可思議功德一切諸佛所護念經。舍利弗、下方世界有師子佛、名聞佛、名光佛、達摩佛、法幢佛、持法佛、如是等恆河沙數諸佛。各於其國、出廣長舌相、徧覆三千大千世界、說誠實言。汝等

衆生當信是稱讚不可思議功德一切諸佛所護念經。舍利弗·上方世界有梵音佛·宿王佛·香上佛·香光佛·大燄肩佛·雜色寶華嚴身佛·娑羅樹王佛·寶華德佛·見一切義佛·如須彌山佛·如是等恆河沙數諸佛。各於其國出廣長舌相徧覆三千大千世界·說誠實言。汝等衆生當信是稱讚不可思議功德一切諸佛所護念經。舍利弗·於汝意云何·何故名爲一切諸佛所護念經。舍利弗·若有善男子善女人聞是經受持者及聞諸佛名者·是諸善男子善女人·皆爲一切諸佛之所護念·皆得不退轉於阿耨多羅三藐三菩提。是故舍利弗·汝等皆當信受我語及諸佛所說。舍利弗·若有人已發願·今發願·當發願·欲生阿彌陀佛國

者。是諸人等·皆得不退轉於阿耨多羅三藐三菩提。於彼國土·若已生·若今生·若當生。是故舍利弗·諸善男子善女人·若有信者·應當發願生彼國土。舍利弗·如我今者稱讚諸佛不可思議功德。彼諸佛等·亦稱讚我不可思議功德·而作是言·釋迦牟尼佛·能爲甚難希有之事·能於娑婆國土五濁惡世·劫濁·見濁·煩惱濁·衆生濁·命濁中·得阿耨多羅三藐三菩提·爲諸衆生說是一切世間難信之法。舍利弗·當知我於五濁惡世·行此難事·得阿耨多羅三藐三菩提。爲一切世間說此難信之法·是爲甚難。佛說此經已·舍利弗及諸比丘·一切世間天人阿修羅等·聞佛所說·歡喜信受·作禮而去。

佛說阿彌陀經

拔一切業障根本得生淨土陀羅尼

南無阿彌多婆夜。哆他伽跢夜。哆地夜他。阿彌唎都婆毗。阿彌唎哆。悉眈婆毗。阿彌唎哆。毗迦蘭帝。阿彌唎哆。毗迦蘭哆。伽彌膩。伽伽那。枳多迦隸。娑婆訶。

音釋

絺（音癡） 㝹（奴侯切） 馱（唐何切） 衣裓（裓，古得切，衣前襟也） 盛（時征切，受也） 阿鞞跋致（梵語也，此云不退轉。鞞，駢迷切。跋，蒲撥切） 閦（昌六切） 沮（慈呂切）

附錄修行淨土法門後序

娑婆。苦境也。欲脫衆苦。必修西方。西方。樂國也。欲生極樂。必信佛言。譬如有人。行於曠野。暮夜昏黑。羣賊在後。執持利器。蹺來逼逐。四顧彷徨。逃避無所。呼天叫地。誰來救卹。忽遇老父而告之言。此去不遠。有長者居。福德威勢。盜賊不侵。樓閣眞實。快樂自在。煙霧所障。汝不能睹。汝但決往。吾不汝誑。其人聞語。歡喜踴躍。策步高驤。不復迴顧。注目一心。更無他想。俄頃之間。至長者所。羣賊苦惱。杳絕蹤迹。種種快樂。無異所聞。彌陀攝受衆生。長者居也。安可不往。釋迦指導羣迷。老父言也。安可不信。世之人。於西方之說。懵不能知。比比皆是。知矣而不信。信矣而不修。修不能力者。十亦常八九焉。我今重覆設此譬喻。其不知者可以解會。而不信不修不力者。亦可加勉矣。夫修西方而決願往生者。豈有他哉。善盡其力。如遇老父於避賊之時而已矣。

御製無量壽佛讚

西方極樂世界尊無量壽佛世希有能滅無始億劫業令彼苦惱悉消除若人能以微妙心常以極樂爲觀想廣與衆生分別說舉目卽見阿彌陀佛身色相顯光明閻浮檀金無與等其高無比由旬數六十萬億那由他眉間白毫五須彌紺眼泓澄四大海光明演出諸毛孔一孔徧含諸大千一界中有河沙佛佛有八萬四千相一一相中復如是作是觀者隨現前以觀佛身見佛心衆生憶想見化佛從相入得無生忍以三昧受無邊慈佛身無量廣無邊化導以彼宿願力有憶想者得成就神通如意滿虛空衆生三種具三心精進勇猛無退轉卽得如來手接

觀無量壽佛經 讚 貞一

引七寶宮殿大光明其身踊躍金剛臺隨從佛後彈指頃行大乘解第一義卽生七寶蓮池中阿彌陀佛大慈悲十力威德難讚說稱名一聲起一念八十億劫罪皆除以是濟拔無有窮是以名爲無量壽昔世尊居耆闍崛與大衆說妙因緣離憂惱與閻浮提超脫一切諸苦趣淨妙國卽極樂界修三福發菩提心作是念者住堅專故說無量壽佛觀如是功德不可說不可說者妙光明無量淸淨平等施五濁衆生咸作佛斷彼一切顚倒想猶如以水投海中溼性混合無不同雖有聖智難分別人人皆爲無量壽稽首瞻禮卽西方

[illegible]。是諸[illegible]聞其[illegible]號[illegible]信心[illegible]喜[illegible]乃至一念[illegible]至心[illegible]向[illegible]願生彼國[illegible]即得往生[illegible][illegible]不退轉[illegible]唯除[illegible]逆[illegible]謗[illegible]法[illegible]。[illegible]其佛[illegible][illegible]力[illegible]聞名[illegible]往生[illegible]皆悉[illegible]到彼國[illegible]自致不退轉[illegible]。[illegible]三[illegible][illegible]國土[illegible][illegible]十八[illegible][illegible]二十[illegible][illegible]大[illegible]衆生[illegible][illegible]。[illegible][illegible]人人[illegible][illegible]。

六

[illegible]甲[illegible]自[illegible]目[illegible][illegible]生[illegible]大[illegible]道[illegible]。[illegible]二十八[illegible][illegible]國土[illegible][illegible]十[illegible]甲[illegible][illegible]。[illegible]無量[illegible][illegible]諸[illegible]生[illegible][illegible]。[illegible][illegible]。

佛說觀無量壽佛經

劉宋西域三藏法師畺良耶舍譯

如是我聞。一時。佛在王舍城耆闍崛山中。與大比丘衆千二百五十人俱。菩薩三萬二千。文殊師利法王子而爲上首。

爾時王舍大城有一太子。名阿闍世。隨順調達惡友之教。收執父王頻婆娑羅。幽閉置於七重室內。制諸羣臣。一不得往。國太夫人名韋提希。恭敬大王。澡浴清淨。以酥蜜和麨。用塗其身。諸瓔珞中盛蒲萄漿。密以上王。爾時大王食麨飲漿。求水漱口。漱口畢已。合掌恭敬。向耆闍崛山。遙禮世尊。而作是言。大目犍連是吾親友。願興慈悲。授我八戒。時目犍連。如鷹隼飛。疾至王所。

日日如是。授王八戒。世尊亦遣尊者富樓那。爲王說法。如是時間經三七日。王食麨蜜。得聞法故。顏色和悅。時阿闍世問守門者。父王今者猶存在耶。時守門人白言。大王。國太夫人身塗麨蜜。瓔珞盛漿。持用上王。沙門目連及富樓那。從空而來。爲王說法。不可禁制。時阿闍世聞此語已。怒其母曰。我母是賊。與賊爲伴。沙門惡人。幻惑呪術。令此惡王多日不死。即執利劍。欲害其母。時有一臣。名曰月光。聰明多智。及與耆婆。爲王作禮。白言。大王。臣聞毗陀論經說。劫初以來。有諸惡王。貪國位故。殺害其父一萬八千。未曾聞有無道害母。王今爲此殺逆之事。汙剎利種。臣不忍聞。是旃陀羅。我等不宜復住於此。時二大臣說此語竟。

以手按劍·卻行而退。時阿闍世·驚怖惶懼·告耆婆言·汝不爲我耶。耆婆白言·大王·愼莫害母。王聞此語·懺悔求救·即便捨劍·止不害母。勅語內官·閉置深宮·不令復出。時韋提希·被幽閉已·愁憂憔悴。遙向耆闍崛山·爲佛作禮·而作是言。如來世尊·在昔之時·恆遣阿難·來慰問我。我今愁憂·世尊威重·無由得見·願遣目連·尊者阿難·與我相見。作是語已·悲泣雨淚·遙向佛禮·未舉頭頃·爾時世尊·在耆闍崛山·知韋提希·心之所念·即勅大目犍連·及以阿難·從空而來。佛從耆闍崛山沒·於王宮出。時韋提希·禮已舉頭·見世尊釋迦牟尼佛·身紫金色·坐百寶蓮華。目連侍左·阿難侍右·釋梵護世·諸天·在虛空中·普雨天華·持用供養。時韋

觀無量壽佛經

提希·見佛世尊·自絕瓔珞·舉身投地·號泣向佛。白言·世尊·我宿何罪·生此惡子。世尊復有何等因緣·與提婆達多·共爲眷屬。唯願世尊·爲我廣說無憂惱處·我當往生·不樂閻浮提濁惡世也·此濁惡處·地獄餓鬼畜生盈滿·多不善聚·願我未來·不聞惡聲·不見惡人。今向世尊·五體投地·求哀懺悔。唯願佛日·教我觀於清淨業處。

爾時世尊·放眉間光·其光金色·徧照十方無量世界。還住佛頂·化爲金臺·如須彌山·十方諸佛·淨妙國土·皆於中現。或有國土·七寶合成。復有國土·純是蓮華·復有國土·如自在天宮·復有國土·如玻瓈鏡·十方國土·皆於中現。有如是等無量諸佛國土·嚴

顯可觀、令韋提希見。時韋提希白佛言、世尊、是諸佛土、雖復淸淨皆有光明。我今樂生極樂世界阿彌陀佛所、唯願世尊教我思惟、教我正受。

爾時世尊、卽便微笑、有五色光、從佛口出。一一光照頻婆娑羅王頂、爾時大王、雖在幽閉、心眼無障。遙見世尊、頭面作禮、自然增進、成阿那含。

爾時世尊、告韋提希、汝今知不、阿彌陀佛、去此不遠。汝當繫念、諦觀彼國淨業成者。我今爲汝廣說衆譬、亦令未來世一切凡夫欲修淨業者、得生西方極樂國土。欲生彼國者、當修三福。一者孝養父母、奉事師長、慈心不殺、修十善業。二者受持三歸、具足衆戒、不犯威儀。三者發菩提心、深信因果、讀誦大乘、勸進行者。如此三事、名爲淨業。佛告韋提希、汝今知不、此三種業、乃是過去未來現在、三世諸佛、淨業正因。

佛告阿難、及韋提希、諦聽諦聽、善思念之。如來今者、爲未來世一切衆生、爲煩惱賊之所害者、說淸淨業。善哉韋提希、快問此事。阿難、汝當受持、廣爲多衆宣說佛語。如來今者、教韋提希、及未來世一切衆生、觀於西方極樂世界、以佛力故、當得見彼淸淨國土。如執明鏡、自見面像。見彼國土、極妙樂事、心歡喜故、應時卽得無生法忍。佛告韋提希、汝是凡夫、心想羸劣、未得天眼、不能遠觀。諸佛如來、有異方便、令汝得見。時韋提希白佛言、世

尊、如我今者、以佛力故、見彼國土。若佛滅後、諸衆生等、濁惡不善、五苦所逼、云何當見阿彌陀佛極樂世界。

佛告韋提希、汝及衆生、應當專心、繫念一處、想於西方。云何作想、凡作想者、一切衆生、自非生盲、有目之徒、皆見日沒、當起想念、正坐西向、諦觀於日、欲沒之處、令心堅住、專想不移、見日欲沒、狀如懸鼓。既見日已、閉目開目、皆令明了、是爲日想、名曰初觀。

次作水想。見水澄清、亦令明了、無分散意。既見水已、當起冰想。見冰映徹、作瑠璃想。此想成已、見瑠璃地、內外映徹。下有金剛七寶金幢、擎瑠璃地。其幢八方、八楞具足。一一方面、百寶所成。一一寶珠、有千光明。一一光明、八萬四千色、映瑠璃地、如億千日、不可具見。瑠璃地上、以黃金繩、雜廁間錯。以七寶界、分齊分明。一一寶中、有五百色光。其光如華、又似星月、懸處虛空、成光明臺。樓閣千萬、百寶合成。於臺兩邊、各有百億華幢、無量樂器、以爲莊嚴。八種清風、從光明出、鼓此樂器、演說苦空無常無我之音。是爲水想、名第二觀。

此想成時、一一觀之、極令了了。閉目開目、不令散失。唯除食時、恆憶此事。如此想者、名爲麤見極樂國地。若得三昧、見彼國地、了了分明、不可具說。是爲地想、名第三觀。佛告阿難、汝持佛語、爲未來世一切大衆、欲脫苦者、說是觀地法。若觀是地者、除八

十億劫生死之罪。捨身他世．必生淨國．心得無疑。作是觀者．名爲正觀。若他觀者．名爲邪觀。

佛告阿難．及韋提希．地想成已．次觀寶樹。觀寶樹者．一一觀之．作七重行樹想。一一樹高八千由旬。其諸寶樹．七寶華葉．無不具足。一一華葉．作異寶色．瑠璃色中．出金色光．玻瓈色中．出紅色光。碼碯色中．出硨磲光．硨磲色中．出綠眞珠光．珊瑚琥珀．一切衆寶．以爲映飾。妙眞珠網．彌覆樹上。一一樹上．有七重網．一一網間．有五百億妙華宮殿．如梵王宮．諸天童子．自然在中。一一童子．五百億釋迦毗楞伽摩尼．以爲瓔珞。其摩尼光．照百由旬．猶如和合百億日月．不可具名。衆寶閒錯．色中上者。此諸寶

觀無量壽佛經 貞一

樹．行行相當．葉葉相次。於衆葉間．生諸妙華．華上自然有七寶果。一一樹葉．縱廣正等二十五由旬。其葉千色．有百種畫．如天瓔珞。有衆妙華．作閻浮檀金色．如旋火輪．宛轉葉間．涌生諸果．如帝釋瓶。有大光明．化成幢旛無量寶蓋。是寶蓋中．映現三千大千世界．一切佛事．十方佛國．亦於中現。見此樹已．亦當次第一一觀之。觀見樹莖枝葉華果．皆令分明。是爲樹想．名第四觀。

次當想水。欲想水者．極樂國土．有八池水。一一池水．七寶所成。其寶柔輭．從如意珠王生．分爲十四支。一一支作七寶妙色．黃金爲渠．渠下皆以雜色金剛．以爲底沙。一一水中．有六十億七寶蓮華。一一蓮華．團圓正等十二由旬。其摩尼水．流注華間．尋

樹上下。其聲微妙·演說苦空無常無我諸波羅蜜。復有讚歎諸佛相好者。如意珠王·涌出金色·微妙光明。其光化爲百寶色鳥·和鳴哀雅·常讚念佛念法念僧·是爲八功德水想·名第五觀。

衆寶國土·一一界上有五百億寶樓。其樓閣中·有無量諸天·作天伎樂。又有樂器·懸處虛空·如天寶幢·不鼓自鳴·此衆音中·皆說念佛念法念比丘僧·此想成已。名爲麤見極樂世界寶樹寶地寶池·是爲總觀想·名第六觀。若見此者·除無量億劫極重惡業·命終之後·必生彼國。作是觀者·名爲正觀·若他觀者·名爲邪觀。

佛告阿難·及韋提希·諦聽諦聽·善思念之·吾當爲汝分別解說

除苦惱法。汝等憶持·廣爲大衆·分別解說。說是語時·無量壽佛·住立空中·觀世音大勢至·是二大士·侍立左右·光明熾盛·不可具見。百千閻浮檀金色·不得爲比。時韋提希·見無量壽佛已·接足作禮。白佛言·世尊·我今因佛力故·得見無量壽佛·及二菩薩。未來衆生·當云何觀無量壽佛·及二菩薩。佛告韋提希·欲觀彼佛者·當起想念·於七寶地上·作蓮華想·令其蓮華·一一葉上·作百寶色·有八萬四千脈·猶如天畫·脈有八萬四千光·了了分明·皆令得見。華葉小者·縱廣二百五十由旬·如是蓮華·具有八萬四千葉·一一葉間·有百億摩尼珠王·以爲映飾。一一摩尼珠·放千光明。其光如蓋·七寶合成·徧覆地上。釋迦毗楞伽寶·以爲其

臺。此蓮華臺、八萬金剛甄叔迦寶、梵摩尼寶、妙眞珠網、以爲校飾。於其臺上、自然而有四柱寶幢、一一寶幢、如百千萬億須彌山。幢上寶幔、如夜摩天宮。復有五百億微妙寶珠、以爲映飾。一一寶珠、有八萬四千光。一一光、作八萬四千異種金色。一一金色、徧其寶土、處處變化、各作異相。或爲金剛臺、或作眞珠網、或作雜華雲、於十方面、隨意變現、施作佛事。是爲華座想、名第七觀。佛告阿難、如此妙華、是本法藏比丘願力所成。若欲念彼佛者、當先作此華座想。作此想時、不得雜觀、皆應一一觀之。一一葉、一一珠、一一光、一一臺、一一幢、皆令分明、如於鏡中自見面像。此想成者、滅除五萬億劫生死之罪、必定當生極樂世界。作

觀無量壽佛經
貞一

是觀者、名爲正觀、若他觀者、名爲邪觀。

佛告阿難、及韋提希、見此事已、次當想佛。所以者何、諸佛如來、是法界身、入一切衆生心想中。是故汝等心想佛時、是心卽是三十二相、八十隨形好。是心作佛、是心是佛。諸佛正徧知海、從心想生。是故應當一心繫念、諦觀彼佛多陀阿伽度阿羅訶三藐三佛陀。想彼佛者、先當想像、閉目開目、見一寶像、如閻浮檀金色、坐彼華上。見像坐已、心眼得開、了了分明、見極樂國七寶莊嚴。寶地寶池、寶樹行列。諸天寶幔、彌覆其上、衆寶羅網、滿虛空中。見如此事、極令明了、如觀掌中。見此事已、復當更作一大蓮華、在佛左邊、如前蓮華、等無有異。復作一大蓮華、在佛右邊。

想一觀世音菩薩像坐左華座亦作金色如前無異。想一大勢至菩薩像坐右華座。此想成時佛菩薩像皆放光明其光金色照諸寶樹。一一樹下亦有三蓮華。諸蓮華上各有一佛二菩薩像徧滿彼國。此想成時行者當聞水流光明及諸寶樹鳧鴈鴛鴦皆說妙法。出定入定恆聞妙法。行者所聞出定之時憶持不捨令與修多羅合。若不合者名爲妄想。若與合者名爲麤想見極樂世界。是爲像想名第八觀。作是觀者除無量億劫生死之罪於現身中得念佛三昧。

佛告阿難及韋提希此想成已次當更觀無量壽佛身相光明。阿難當知無量壽佛身如百千萬億夜摩天閻浮檀金色。佛身

觀無量壽佛經

貞一

高六十萬億那由他恆河沙由旬。眉間白毫右旋宛轉如五須彌山。佛眼如四大海水青白分明身諸毛孔演出光明如須彌山。彼佛圓光如百億三千大千世界。於圓光中有百萬億那由他恆河沙化佛。一一化佛亦有衆多無數化菩薩以爲侍者。無量壽佛有八萬四千相。一一相中各有八萬四千隨形好。一一好中復有八萬四千光明。一一光明徧照十方世界念佛衆生攝取不捨。其光相好及與化佛不可具說。但當憶想令心眼見。見此事者卽見十方一切諸佛。以見諸佛故名念佛三昧。作是觀者名觀一切佛身。以觀佛身故亦見佛心。佛心者大慈悲是。以無緣慈攝諸衆生。作此觀者捨身他世生諸佛前得無生忍。

是故智者、應當繫心、諦觀無量壽佛。觀無量壽佛者、從一相好入。但觀眉間白毫、極令明了。見眉間白毫相者、八萬四千相好、自然當現。見無量壽佛者、即見十方無量諸佛。得見無量諸佛故、諸佛現前授記。是爲徧觀一切色身相、名第九觀。作是觀者、名爲正觀。若他觀者、名爲邪觀。

佛告阿難、及韋提希、見無量壽佛了了分明已、次亦應觀觀世音菩薩。此菩薩身長八十萬億那由他由旬、身紫金色、頂有肉髻、項有圓光、面各百千由旬。其圓光中、有五百化佛、如釋迦牟尼。一一化佛、有五百化菩薩、無量諸天、以爲侍者。舉身光中、五道衆生、一切色相、皆於中現。頂上毗楞伽摩尼寶、以爲天冠。其天冠中、有一立化佛、高二十五由旬。觀世音菩薩面如閻浮檀金色。眉間毫相、備七寶色、流出八萬四千種光明。一一光明、有無量無數百千化佛。一一化佛、無數化菩薩、以爲侍者。變現自在、滿十方世界。臂如紅蓮華色、有八十億微妙光明、以爲瓔珞。其瓔珞中、普現一切諸莊嚴事。手掌作五百億雜蓮華色。手十指端、一一指端、有八萬四千畫、猶如印文。一一畫有八萬四千色。一一色有八萬四千光、其光柔輭、普照一切。以此寶手、接引衆生。舉足時、足下有千輻輪相、自然化成五百億光明臺。下足時、有金剛摩尼華、布散一切、莫不彌滿。其餘身相、衆好具足、如佛無異。唯頂上肉髻、及無見頂相、不及世尊。是爲觀觀世音菩

薩眞實色身相名第十觀。佛告阿難若欲觀觀世音菩薩者當作是觀。作是觀者不遇諸禍淨除業障除無數劫生死之罪。如此菩薩但聞其名獲無量福。何況諦觀。若有欲觀觀世音菩薩者先觀頂上肉髻次觀天冠其餘衆相亦次第觀之。悉令明了如觀掌中。作是觀者名爲正觀若他觀者名爲邪觀。

次觀大勢至菩薩。此菩薩身量大小亦如觀世音。圓光面各百二十五由旬照二百五十由旬。舉身光明照十方國作紫金色。有緣衆生皆悉得見。但見此菩薩一毛孔光卽見十方無量諸佛淨妙光明。是故號此菩薩名無邊光。以智慧光普照一切令離三途得無上力是故號此菩薩名大勢至。此菩薩天冠有五

觀無量壽佛經

貞一

百寶華。一一寶華有五百寶臺。一一臺中十方諸佛淨妙國土廣長之相皆於中現。頂上肉髻如鉢頭摩華。於肉髻上有一寶瓶盛諸光明普現佛事。餘諸身相如觀世音等無有異。此菩薩行時十方世界一切震動。當地動處有五百億寶華。一一寶華莊嚴高顯如極樂世界。此菩薩坐時七寶國土一時動搖。從下方金光佛刹乃至上方光明王佛刹於其中間無量塵數分身無量壽佛分身觀世音大勢至皆悉雲集極樂國土叓塞空中坐蓮華座演說妙法度苦衆生。作此觀者名爲觀見大勢至菩薩。是爲觀大勢至色身相觀此菩薩者名第十一觀除無數劫阿僧祇生死之罪。作是觀者不處胞胎。常遊諸佛淨妙國土。此

觀無量壽佛經 貞一

觀成已名爲具足觀觀世音大勢至。見此事時當起自心生於西方極樂世界於蓮華中結跏趺坐。作蓮華合想作蓮華開想蓮華開時有五百色光來照身想眼目開想見佛菩薩滿虛空中水鳥樹林及與諸佛所出音聲皆演妙法與十二部經合若出定之時憶持不失見此事已名見無量壽佛極樂世界是爲普觀想名第十二觀無量壽佛化身無數與觀世音及大勢至常來至此行人之所。

佛告阿難及韋提希若欲至心生西方者先當觀於一丈六像在池水上如先所說無量壽佛身量無邊非是凡夫心力所及然彼如來宿願力故有憶想者必得成就但想佛像得無量福況復觀佛具足身相阿彌陀佛神通如意於十方國變現自在。或現大身滿虛空中或現小身丈六八尺所現之形皆眞金色圓光化佛及寶蓮華如上所說觀世音菩薩及大勢至於一切處身同衆生但觀首相知是觀世音知是大勢至此二菩薩助阿彌陀佛普化一切是爲雜想觀名第十三觀。

佛告阿難及韋提希上品上生者若有衆生願生彼國者發三種心即便往生何等爲三一者至誠心二者深心三者迴向發願心具三心者必生彼國復有三種衆生當得往生何等爲三一者慈心不殺具諸戒行二者讀誦大乘方等經典三者修行六念迴向發願願生彼國具此功德一日乃至七日即得往生

生彼國時．此人精進勇猛故．阿彌陀如來．與觀世音大勢至．無數化佛．百千比丘聲聞大衆無量諸天七寶宮殿。觀世音菩薩．執金剛臺．與大勢至菩薩至行者前．阿彌陀佛放大光明照行者身。與諸菩薩．授手迎接。觀世音大勢至．與無數菩薩．讚歎行者．勸進其心。行者見已歡喜踊躍。自見其身乘金剛臺隨從佛後．如彈指頃往生彼國。生彼國已．見佛色身衆相具足．見諸菩薩色相具足。光明寶林．演說妙法。聞已卽悟無生法忍。經須臾間．歷事諸佛．徧十方界。於諸佛前．次第受記。還至本國．得無量百千陀羅尼門。是名上品上生者。上品中生者．不必受持讀誦方等經典。善解義趣．於第一義．心不驚動．深信因果．不謗大乘。

以此功德．迴向願求生極樂國。行此行者．命欲終時．阿彌陀佛．與觀世音大勢至．無量大衆眷屬圍繞．持紫金臺至行者前．讚言．法子．汝行大乘．解第一義．是故我今來迎接汝．與千化佛．一時授手。行者自見坐紫金臺．合掌叉手．讚歎諸佛．如一念頃．卽生彼國七寶池中。此紫金臺如大寶華．經宿則開。行者身作紫磨金色．足下亦有七寶蓮華。佛及菩薩．俱時放光．照行者身．目卽開明。因前宿習．普聞衆聲．純說甚深第一義諦。卽下金臺．禮佛合掌．讚歎世尊。經於七日．應時卽於阿耨多羅三藐三菩提得不退轉。應時卽能飛行．徧至十方．歷事諸佛。於諸佛所．修諸三昧。經一小劫．得無生忍．現前受記。是名上品中生者。上品下

觀無量壽佛經　貞一

生者，亦信因果，不謗大乘。但發無上道心，以此功德，迴向願求生極樂國。行者命欲終時，阿彌陀佛，及觀世音大勢至，與諸菩薩，持金蓮華，化作五百佛，來迎此人。五百化佛，一時授手，讚言，法子，汝今清淨，發無上道心，我來迎汝。見此事時，卽自見身坐金蓮華。坐已華合，隨世尊後，卽得往生七寶池中。一日一夜，蓮華乃開。七日之中，乃得見佛，雖見佛身，於衆相好，心不明了。於三七日後，乃了了見，聞衆音聲，皆演妙法，遊歷十方，供養諸佛，於諸佛前，聞甚深法。經三小劫，得百法明門，住歡喜地，是名上品下生者。是名上輩生想，名第十四觀。

佛告阿難，及韋提希，中品上生者，若有衆生，受持五戒，持八戒齋，修行諸戒，不造五逆，無衆過患。以此善根，迴向願求生於西方極樂世界。臨命終時，阿彌陀佛，與諸比丘眷屬圍繞，放金色光，至其人所，演說苦空無常無我，讚歎出家，得離衆苦。行者見已，心大歡喜，自見己身坐蓮華臺，長跪合掌，爲佛作禮，未舉頭頃，卽得往生極樂世界，蓮華尋開，當華敷時，聞衆音聲，讚歎四諦。應時卽得阿羅漢道，三明六通，具八解脫，是名中品上生者。

中品中生者，若有衆生，若一日一夜，持八戒齋，若一日一夜，持沙彌戒，若一日一夜，持具足戒，威儀無缺，以此功德，迴向願求生極樂國。戒香熏修，如此行者，命欲終時，見阿彌陀佛，與諸眷屬，放金色光，持七寶蓮華，至行者前。行者自聞空中有聲，讚言，

善男子，如汝善人，隨順三世諸佛教故，我來迎汝。行者自見坐蓮華上，蓮華即合，生於西方極樂世界。在寶池中，經於七日，蓮華乃敷。華既敷已，開目合掌，讚歎世尊。聞法歡喜，得須陀洹。經半劫已，成阿羅漢。是名中品中生者。中品下生者，若有善男子、善女人，孝養父母，行世仁慈。此人命欲終時，遇善知識，爲其廣說阿彌陀佛國土樂事，亦說法藏比丘四十八願。聞此事已，尋即命終。譬如壯士屈伸臂頃，即生西方極樂世界。經七日已，遇觀世音及大勢至，聞法歡喜，得須陀洹。過一小劫，成阿羅漢。是名中品下生者。是名中輩生想，名第十五觀。

佛告阿難及韋提希：下品上生者，或有衆生作衆惡業，雖不誹謗方等經典，如此愚人，多造惡法，無有慚愧。命欲終時，遇善知識，爲說大乘十二部經首題名字。以聞如是諸經名故，除卻千劫極重惡業。智者復教合掌叉手，稱南無阿彌陀佛。稱佛名故，除五十億劫生死之罪。爾時彼佛即遣化佛、化觀世音、化大勢至，至行者前，讚言：善男子，以汝稱佛名故，諸罪消滅，我來迎汝。作是語已，行者即見化佛光明，徧滿其室。見已歡喜，即便命終。乘寶蓮華，隨化佛後，生寶池中。經七七日，蓮華乃敷。當華敷時，大悲觀世音菩薩，及大勢至菩薩，放大光明，住其人前，爲說甚深十二部經。聞已信解，發無上道心。經十小劫，具百法明門，得入初地。是名下品上生者。佛告阿難及韋提希：下品中生者，或

有衆生毁犯五戒八戒及具足戒。如此愚人。偷僧祇物。盜現前僧物。不淨說法。無有慚愧。以諸惡業而自莊嚴。如此罪人以惡業故應墮地獄。命欲終時。地獄衆火。一時俱至。遇善知識以大慈悲即爲讚說阿彌陀佛十力威德。廣讚彼佛光明神力。亦讚戒定慧解脫解脫知見。此人聞已。除八十億劫生死之罪。地獄猛火化爲清涼風。吹諸天華。華上皆有化佛菩薩迎接此人。如一念頃。即得往生七寶池中蓮華之內。經於六劫。蓮華乃敷。觀世音大勢至以梵音聲安慰彼人。爲說大乘甚深經典。聞此法已。應時即發無上道心。是名下品中生者。

佛告阿難及韋提希。下品下生者。或有衆生作不善業。五逆十惡。具諸不善。如此愚

人以惡業故應墮惡道。經歷多劫。受苦無窮。如此愚人臨命終時。遇善知識種種安慰。爲說妙法。教令念佛。彼人苦逼。不遑念佛。善友告言。汝若不能念彼佛者。應稱無量壽佛。如是至心令聲不絕。具足十念稱南無阿彌陀佛。稱佛名故。於念念中除八十億劫生死之罪。命終之時。見金蓮華猶如日輪住其人前。如一念頃。即得往生極樂世界。於蓮華中滿十二大劫。蓮華方開。觀世音大勢至以大悲音聲爲其廣說諸法實相除滅罪法。聞已歡喜。應時即發菩提之心。是名下品下生者。是名下輩生想。名第十六觀。

說是語時。韋提希與五百侍女聞佛所說。應時即見極樂世界

是閻浮提行善之人，臨命終時，亦有百千惡道鬼神，或變作父母，乃至諸眷屬，引接亡人，令落惡道，何況本造惡者。世尊，如是閻浮提男子女人臨命終時，神識惛昧，不辨善惡，乃至眼耳更無見聞。是諸眷屬，當須設大供養，轉讀尊經，念佛菩薩名號。如是善緣，能令亡者離諸惡道，諸魔鬼神悉皆退散。世尊，一切眾生臨命終時，若得聞一佛名、一菩薩名，或大乘經典一句一偈。我觀如是輩人，除五無間殺害之罪，小小惡業合墮惡趣者，尋即解脫。

佛告主命鬼王：汝大慈故，能發如是大願，於生死中護諸眾生。若未來世中，有男子女人至生死時，汝莫退是願，總令解脫，永得安樂。

鬼王白佛言：願不有慮，我畢是形，念念擁護閻浮提眾生，生時死時，俱得安樂。但願諸眾生於生死時，信受我語，無不解脫，獲大利益。

爾時，佛告地藏菩薩：是大鬼王主命者，已曾經百千生作大鬼王，擁護眾生。是大士慈悲願故，現大鬼身，實非鬼也。卻後過一百七十劫，當得成佛，號曰無相如來，劫名安樂，世界名淨住，其佛壽命不可計劫。地藏，是大鬼王其事如是，不可思議，所度人天亦不可限量。

廣長之相得見佛身及二菩薩。心生歡喜歎未曾有。豁然大悟。逮無生忍。五百侍女發阿耨多羅三藐三菩提心。願生彼國。世尊悉記皆當往生。生彼國已。獲得諸佛現前三昧。無量諸天發無上道心。爾時阿難即從座起。白佛言。世尊。當何名此經。此法之要當云何受持。佛告阿難。此經名觀極樂國土無量壽佛觀世音菩薩大勢至菩薩。亦名淨除業障生諸佛前。汝當受持。無令忘失。行此三昧者。現身得見無量壽佛及二大士。若善男子及善女人。但聞佛名二菩薩名。除無量劫生死之罪。何況憶念。若念佛者。當知此人則是人中分陀利華。觀世音菩薩大勢至菩薩為其勝友。當坐道場生諸佛家。佛告阿難。汝好持是語。持是語者。即是持無量壽佛名。佛說此語時。尊者目犍連。尊者阿難。及韋提希等。聞佛所說。皆大歡喜。

爾時世尊足步虛空。還耆闍崛山。爾時阿難廣為大眾說如上事。無量諸天龍夜叉。聞佛所說。皆大歡喜。禮佛而退。

佛說觀無量壽佛經

音釋

澡 子皓切洗也 酥 素姑切酪屬 麨 尺沼切乾糧也 鷹隼 隼思準切鷂屬 憔悴 憔音樵悴音萃憔悴謂憂愁而瘦瘠也 羸劣 羸倫為切瘦也劣龍輟切弱也 分齊 分扶問切齊才詣切分齊限量也 正觀 觀古玩切 行行 胡郎切 畟塞 畟正作㴱測力切遏遮也塞悉則切滿也 誹謗 誹敷尾切非議也謗補曠切毀也

觀無量壽佛經 貞一

佛說無量壽經卷上

曹魏康僧鎧譯

我聞如是。一時佛住王舍城耆闍崛山中。與大比丘衆萬二千人俱。一切大聖神通已達。其名曰尊者了本際。尊者正願。尊者正語。尊者大號。尊者仁賢。尊者離垢。尊者名聞。尊者善實。尊者具足。尊者牛王。尊者優樓頻螺迦葉。尊者伽耶迦葉。尊者那提迦葉。尊者摩訶迦葉。尊者舍利弗。尊者大目犍連。尊者劫賓那。尊者大住。尊者大淨志。尊者摩訶周那。尊者滿願子。尊者離障。尊者流灌。尊者堅伏。尊者面王。尊者異乘。尊者仁性。尊者嘉樂。尊者善來。尊者羅云。尊者阿難。皆如斯等上首者也。又與大乘

無量壽經上　乃九

衆菩薩俱。普賢菩薩。妙德菩薩。慈氏菩薩等。此賢劫中一切菩薩。又賢護等十六正士。善思議菩薩。信慧菩薩。空無菩薩。神通華菩薩。光英菩薩。慧上菩薩。智幢菩薩。寂根菩薩。願慧菩薩。香象菩薩。寶英菩薩。中住菩薩。制行菩薩。解脫菩薩。皆遵普賢大士之德。具諸菩薩無量行願。安住一切功德之法。遊步十方。行權方便。入佛法藏。究竟彼岸。於無量世界現成等覺。處兜術天。弘宣正法。捨彼天宮。降神母胎。從右脅生。現行七步。光明顯耀。普照十方。無量佛土六種震動。舉聲自稱。吾當於世爲無上尊。釋梵奉侍。天人歸仰。示現算計文藝射御。博綜道術。貫練羣籍。遊於後園。講武試藝。現處宮中色味之間。見老病死。悟世非常。

棄國財位。入山學道。服乘白馬。寶冠瓔珞。遣之令還。捨珍妙衣。而著法服。剃除鬚髮。端坐樹下。勤苦六年。行如所應。現五濁剎。隨順羣生。示有塵垢。沐浴金流。天案樹枝。得攀出池。靈禽翼從。往詣道場。吉祥感徵。表章功祚。哀受施草。敷佛樹下。跏趺而坐。奮大光明。使魔知之。魔率官屬。而來逼試。制以智力。皆令降伏。得微妙法。成最正覺。釋梵祈勸。請轉法輪。以佛遊步。佛吼而吼。扣法鼓。吹法螺。執法劍。建法幢。震法雷。曜法電。澍法雨。演法施。常以法音。覺諸世間。光明普照。無量佛土。一切世界。六種震動。總攝魔界。動魔宮殿。衆魔慴怖。莫不歸伏。摑裂邪網。消滅諸見。散諸塵勞。壞諸欲塹。嚴護法城。開闡法門。洗濯垢汙。顯明清白。

無量壽經上

乃九

光融佛法。宣流正化。入國分衛。獲諸豐饍。貯功德。示福田。欲宣法現欣笑。以諸法藥。救療三苦。顯現道意。無量功德。授菩薩記。成等正覺。示現滅度。拯濟無極。消除諸漏。植衆德本。具足功德。微妙難量。遊諸佛國。普現道教。其所修行。清淨無穢。譬如幻師。現衆異像。爲男爲女。無所不變。本學明了。在意所爲。此諸菩薩。亦復如是。學一切法。貫綜縷練。所住安諦。靡不感化。無數佛土。皆悉普現。未曾慢恣。愍傷衆生。如是之法。一切具足。菩薩經典。究暢要妙。名稱普至。道御十方。無量諸佛。咸共護念。佛所住者。皆已得住。大聖所立。而皆已立。如來道化。各能宣布。爲諸菩薩。而作大師。以甚深禪慧。開導衆生。通諸法性。達衆生相。明了諸

無量壽經上 乃九

國供養諸佛化現其身猶如電光善學無畏之網曉了幻化之法壞裂魔網解諸纏縛超越聲聞緣覺之地得空無相無願三昧善立方便顯示三乘於此化終而現滅度亦無所作亦無所有不起不滅得平等法具足成就無量總持百千三昧諸根智慧廣普寂定深入菩薩法藏得佛華嚴三昧宣揚演說一切經典住深定門悉覩現在無量諸佛一念之頃無不周徧濟諸劇難諸閑不閑分別顯示眞實之際得諸如來辯才之智入衆言音開化一切超過世間諸所有法心常諦住度世之道於一切萬物而隨意自在爲諸庶類作不請之友荷負羣生爲之重擔受持如來甚深法藏護佛種性常使不絕興大悲愍衆生演慈辯授法眼杜三趣開善門以不請之法施諸黎庶如純孝之子愛敬父母於諸衆生視若自己一切善本皆度彼岸悉獲諸佛無量功德智慧聖明不可思議如是之等菩薩大士不可稱計一時來會

爾時世尊諸根悅豫姿色淸淨光顏巍巍尊者阿難承佛聖旨卽從座起偏袒右肩長跪合掌而白佛言今日世尊諸根悅豫姿色淸淨光顏巍巍如明鏡淨影暢表裏威容顯耀超絕無量未常瞻覩殊妙如今唯然大聖我心念言今日世尊住奇特之法今日世雄住諸佛所住今日世眼住導師之行今日世英住最勝之道今日天尊行如來之德去來現在佛佛相念得無今

佛念諸佛耶。何故威神光光乃爾。於是世尊告阿難曰。云何阿難。諸天教汝來問佛耶。自以慧見問威顏乎。阿難白佛。無有諸天來教我者。自以所見問斯義耳。佛言。善哉阿難。所問甚快。發深智慧。眞妙辯才。愍念衆生。問斯慧義。如來以無盡大悲矜哀三界。所以出興於世。光闡道教。欲拯濟羣萌。惠以眞實之利。無量億劫。難值難見。猶靈瑞華時時乃出。今所問者。多所饒益。開化一切諸天人民。阿難當知。如來正覺其智難量。多所導御。慧見無礙。無能遏絕。以一餐之力。能住壽命億百千劫。無數無量。復過於此。諸根悅豫。不以毀損。姿色不變。光顏無異。所以者何。如來定慧究暢無極。於一切法而得自在。阿難諦聽。今爲汝說。

無量壽經上
乃九

對曰。唯然。願樂欲聞。

佛告阿難。乃往過去久遠無量不可思議無央數劫。錠光如來。興出於世。教化度脫無量衆生。皆令得道。乃取滅度。次有如來。名曰光遠。次名月光。次名栴檀香。次名善山王。次名須彌天冠。次名須彌等曜。次名月色。次名正念。次名離垢。次名無著。次名龍天。次名夜光。次名安明頂。次名不動地。次名瑠璃妙華。次名瑠璃金色。次名金藏。次名炎光。次名炎根。次名地種。次名月像。次名日音。次名解脫華。次名莊嚴光明。次名海覺神通。次名水光。次名大香。次名離塵垢。次名捨厭意。次名寶炎。次名妙頂。次名勇立。次名功德持慧。次名蔽日月光。次名日月瑠璃光。次名

無上瑠璃光。次名最上首。次名菩提華。次名月明。次名日光。次名華色王。次名水月光。次名除癡冥。次名度蓋行。次名淨信。次名善宿。次名威神。次名法慧。次名鸞音。次名師子音。次名龍音。次名處世。如此諸佛·皆悉已過。爾時次有佛·名世自在王·如來·應供·等正覺·明行足·善逝·世間解·無上士·調御丈夫·天人師·佛·世尊。時有國王·聞佛說法·心懷悅豫·尋發無上正眞道意·棄國捐王·行作沙門·號曰法藏·高才勇哲·與世超異。詣世自在王如來所·稽首佛足·右繞三帀·長跪合掌·以頌讚曰。

光顏巍巍· 威神無極。 如是炎明· 無與等者。 日月摩尼·
珠光燄耀· 皆悉隱蔽· 猶如聚墨。 如來顏容· 超世無倫。
正覺大音· 響流十方。 戒聞精進· 三昧智慧· 威德無侶·
殊勝希有。 深諦善念· 諸佛法海· 窮深盡奧· 究其涯底。
無明欲怒· 世尊永無。 人雄師子· 神德無量· 功勳廣大·
智慧深妙· 光明威相· 震動大千。 願我作佛· 齊聖法王·
過度生死· 靡不解脫。 布施調意· 戒忍精進· 如是三昧·
智慧爲上。 吾誓得佛· 普行此願· 一切恐懼· 爲作大安。
假令有佛· 百千億萬· 無量大聖· 數如恆沙· 供養一切·
斯等諸佛· 不如求道· 堅正不卻。 譬如恆沙· 諸佛世界·
復不可計· 無數剎土· 光明悉照· 徧此諸國。 如是精進·
威神難量。 令我作佛· 國土第一。 其衆奇妙· 道場超絕。

國如泥洹、而無等雙。我當愍哀、度脫一切。十方來生、心悅清淨、已至我國、快樂安隱。幸佛明信、是我眞證。發願於彼、力精所欲。十方世尊、智慧無礙、常令此尊、知我心行。假使身止、諸苦毒中、我行精進、忍終不悔。

佛告阿難、法藏比丘說此頌已、而白佛言。唯然世尊、我發無上正覺之心。願佛爲我廣宣經法、我當修行攝取佛國清淨莊嚴無量妙土。令我於世速成正覺、拔諸生死勤苦之本。佛告阿難、時世自在王佛語法藏比丘、如所修行莊嚴佛土、汝自當知。比丘白佛、斯義弘深、非我境界。唯願世尊廣爲敷演諸佛如來淨土之行。我聞此已、當如說修行、成滿所願。爾時世自在王佛知其高明、志願深廣。卽爲法藏比丘而說經言、譬如大海一人斗量、經歷劫數、尚可窮底、得其妙寶。人有至心精進求道不止、會當剋果。何願不得。於是世自在王佛、卽爲廣說二百一十億諸佛刹土天人之善惡、國土之麤妙。應其心願、悉現與之。時彼比丘聞佛所說嚴淨國土、皆悉覩見、超發無上殊勝之願。其心寂靜、志無所著。一切世間無能及者。具足五劫思惟攝取莊嚴佛國淸淨之行。阿難白佛、彼佛國土壽量幾何。佛言、其佛壽命四十二劫。時法藏比丘攝取二百一十億諸佛妙土清淨之行。如是修已、詣彼佛所、稽首禮足、繞佛三帀、合掌而住、白佛言、世尊、我已攝取莊嚴佛土清淨之行。佛告比丘、汝今可說、宜知是時。

無量壽經上 乃九

設我得佛，國中人天，不悉真金色者，不取正覺。設我得佛，國中人天，形色不同，有好醜者，不取正覺。設我得佛，國中人天，不悉識宿命，下至知百千億那由他諸劫事者，不取正覺。設我得佛，國中人天，不得天眼，下至見百千億那由他諸佛國者，不取正覺。設我得佛，國中人天，不得天耳，下至聞百千億那由他諸佛所說，不悉受持者，不取正覺。設我得佛，國中人天，不得見他心智，下至知百千億那由他諸佛國中眾生心念者，不取正覺。設我得佛，國中人天，不得神足，於一念頃，下至不能超過百千億那由他諸佛國者，不取正覺。設我得佛，國中人天，若起想念貪計身者，不取正覺。設我得佛，國中人天，不住定聚，必至滅度者，不取正覺。設我得佛，光明有能限量，下至不照百千億那由他諸佛國者，不取正覺。設我得佛，壽命有能限量，下至百千億那由他劫者，不取正覺。設我得佛，國中聲聞，有能計量，乃至三千大千世界眾生緣覺，於百千劫，悉共計校，知其數者，不取正覺。設我得佛，國中人天，壽命無能限量，除其本願脩短自在。若不爾者，不取正覺。設我得佛，國中人天，乃至聞有不善名者，不取正覺。設我得佛，十方世界無量諸佛，不悉咨嗟稱我名者，不取正覺。設我得佛，十方眾生，至心信樂，欲生我國，乃至十念，若不生者，不取正覺。唯除五逆，誹謗正法。設我得佛，十方眾生，發菩提心，修諸功德，至心發願，欲生我國，臨壽終時，假令不與大眾圍繞現其人前者，不取正覺。

稱我名者·不取正覺。[十八]設我得佛·十方衆生·至心信樂·欲生我國·乃至十念·若不生者·不取正覺。唯除五逆·誹謗正法。[十九]設我得佛·十方衆生·發菩提心·修諸功德·至心發願·欲生我國·臨壽終時·假令不與大衆圍繞·現其人前者·不取正覺。[二十]設我得佛·十方衆生·聞我名號·繫念我國·植衆德本·至心迴向·欲生我國·不果遂者·不取正覺。[二一]設我得佛·國中天人·不悉成滿三十二大人相者·不取正覺。[二二]設我得佛·他方佛土諸菩薩衆·來生我國·究竟必至一生補處。除其本願自在所化·爲衆生故·被弘誓鎧·積累德本·度脫一切·遊諸佛國·修菩薩行·供養十方諸佛如來·開化恆沙無量衆生·使立無上正眞之道·超出常倫諸地之行·現前修習普賢之德。若不爾者·不取正覺。[二三]設我得佛·國中菩薩·承佛神力·供養諸佛·一食之頃·不能徧至無數無量億那由他諸佛國者·不取正覺。[二四]設我得佛·國中菩薩·在諸佛前·現其德本·諸所求欲供養之具·若不如意者·不取正覺。[二五]設我得佛·國中菩薩·不能演說一切智者·不取正覺。[二六]設我得佛·國中菩薩·不得金剛那羅延身者·不取正覺。[二七]設我得佛·國中天人·一切萬物·嚴淨光麗·形色殊特·窮微極妙·無能稱量·其諸衆生·乃至逮得天眼·有能明了辯其名數者·不取正覺。[二八]設我得佛·國中菩薩·乃至少功德者·不能知見其道場樹無量光色高四百萬里者·不取正覺。[二九]設我得佛·國中菩薩·若受讀經法·諷誦持說·而不得辯才智慧者·不取……國者，不取正覺。

設我得佛，壽命有能限量，下至百千億那由他劫者，不取正覺。

設我得佛，國中聲聞有能計量，乃至三千大千世界眾生緣覺，於百千劫悉共計挍，知其數者，不取正覺。

設我得佛，國中人天，壽命無能限量，除其本願修短自在。若不爾者，不取正覺。

設我得佛，國中人天，乃至聞有不善名者，不取正覺。

設我得佛，十方世界無量諸佛，不悉咨嗟稱我名者，不取正覺。

設我得佛，十方眾生，至心信樂，欲生我國，乃至十念，若不生者，不取正覺。唯除五逆，誹謗正法。

設我得佛，十方眾生，發菩提心，修諸功德，至心發願，欲生我國。臨壽終時，假令不與大眾圍繞現其人前者，不取正覺。

設我得佛，十方眾生，聞我名號，係念我國，植眾德本，至心迴向，欲生我國，不果遂者，不取正覺。

設我得佛，國中人天，不悉成滿三十二大人相者，不取正覺。

設我得佛，他方佛土諸菩薩眾來生我國，究竟必至一生補處。除其本願自在所化，為眾生故，被弘誓鎧，積累德本，度脫一切，遊諸佛國，修菩薩行，供養十方諸佛如來，開化恆沙無量眾生，使立無上正真之道，超出常倫諸地之行，現前修習普賢之德。若不爾者，不取正覺。

正覺。設（三十）我得佛、國中菩薩、智慧辯才、若可限量者、不取正覺。設（三十一）
我得佛、國土淸淨、皆悉照見十方一切無量無數不可思議諸
佛世界、猶如明鏡、覩其面像。若不爾者、不取正覺。設（三十二）我得佛、自
地以上、至於虛空、宮殿樓觀、池流華樹、國土所有一切萬物、皆
以無量雜寶、百千種香、而共合成、嚴飾奇妙、超諸天人、其香普
熏十方世界。菩薩聞者、皆修佛行。若不如是、不取正覺。設（三十三）我得
佛、十方無量不可思議諸佛世界衆生之類、蒙我光明、觸其身
者、身心柔輭、超過天人。若不爾者、不取正覺。設（三十四）我得佛、十方無
量不可思議諸佛世界衆生之類、聞我名字、不得菩薩無生法
忍、諸深總持者、不取正覺。設（三十五）我得佛、十方無量不可思議諸佛

世界、其有女人、聞我名字、歡喜信樂、發菩提心、厭惡女身。壽終
之後、復爲女像者、不取正覺。設（三十六）我得佛、十方無量不可思議諸
佛世界諸菩薩衆、聞我名字、壽終之後、常修梵行、至成佛道。若
不爾者、不取正覺。設（三十七）我得佛、十方無量不可思議諸佛世界諸
天人民、聞我名字、五體投地、稽首作禮、歡喜信樂、修菩薩行、諸
天世人、莫不致敬。若不爾者、不取正覺。設（三十八）我得佛、國中天人、欲
得衣服、隨念卽至、如佛所讚應法妙服、自然在身。有求裁縫擣
染浣濯者、不取正覺。設（三十九）我得佛、國中天人、所受快樂、不如漏盡
比丘者、不取正覺。設（四十）我得佛、國中菩薩、隨意欲見十方無量嚴
淨佛土、應時如願、於寶樹中、皆悉照見、猶如明鏡、覩其面像。若

不爾者·不取正覺。設[四一]我得佛·他方國土諸菩薩衆·聞我名字·至於得佛·諸根缺陋·不具足者·不取正覺。設[四二]我得佛·他方國土諸菩薩衆·聞我名字·皆悉逮得清淨解脫三昧。住是三昧·一發意頃·供養無量不可思議諸佛世尊·而不失定意。若不爾者·不取正覺。設[四三]我得佛·他方國土諸菩薩衆·聞我名字·壽終之後·生尊貴家。若不爾者·不取正覺。設[四四]我得佛·他方國土諸菩薩衆·聞我名字·歡喜踊躍·修菩薩行·具足德本。若不爾者·不取正覺。設[四五]我得佛·他方國土諸菩薩衆·聞我名字·皆悉逮得普等三昧。住是三昧·至於成佛·常見無量不可思議一切諸佛。若不爾者·不取正覺。設[四六]我得佛·國中菩薩·隨其志願·所欲聞法·自然得聞。若不爾者·不取正覺。設[四七]我得佛·他方國土諸菩薩衆·聞我名字·不卽得至不退轉者·不取正覺。設[四八]我得佛·他方國土諸菩薩衆·聞我名字·不卽得至第一忍·第二第三法忍·於諸佛法·不能卽得不退轉者·不取正覺。佛告阿難·爾時法藏比丘·說此願已·以偈頌曰。

我建超世願·必至無上道·斯願不滿足·誓不成等覺

我於無量劫·不爲大施主·普濟諸貧苦·誓不成等覺

我至成佛道·名聲超十方·究竟有不聞·誓不成等覺

離欲深正念·淨慧修梵行·志求無上尊·爲諸天人師。

神力演大光·普照無際土·消除三垢冥·明濟衆厄難·

正覺。設[三十]我得佛。國中菩薩。智慧辯才。若可限量者。不取正覺。設[三一]我得佛。國土清淨。皆悉照見十方一切無量無數不可思議諸佛世界。猶如明鏡覩其面像。若不爾者。不取正覺。設[三二]我得佛。自地以上至於虛空。宮殿樓觀。池流華樹。國土所有一切萬物。皆以無量雜寶百千種香而共合成。嚴飾奇妙。超諸天人。其香普熏十方世界。菩薩聞者。皆修佛行。若不如是。不取正覺。設[三三]我得佛。十方無量不可思議諸佛世界衆生之類。蒙我光明觸其身者。身心柔軟。超過天人。若不爾者。不取正覺。設[三四]我得佛。十方無量不可思議諸佛世界衆生之類。聞我名字。不得菩薩無生法忍諸深總持者。不取正覺。設[三五]我得佛。十方無量不可思議諸佛

世界。其有女人。聞我名字。歡喜信樂。發菩提心。厭惡女身。壽終之後。復爲女像者。不取正覺。設[三六]我得佛。十方無量不可思議諸佛世界諸菩薩衆。聞我名字。壽終之後。常修梵行。至成佛道。若不爾者。不取正覺。設[三七]我得佛。十方無量不可思議諸佛世界諸天人民。聞我名字。五體投地。稽首作禮。歡喜信樂。修菩薩行。諸天世人。莫不致敬。若不爾者。不取正覺。設[三八]我得佛。國中天人。欲得衣服。隨念卽至。如佛所讚應法妙服。自然在身。有求裁縫擣染浣濯者。不取正覺。設[三九]我得佛。國中天人所受快樂。不如漏盡比丘者。不取正覺。設[四十]我得佛。國中菩薩。隨意欲見十方無量嚴淨佛土。應時如願。於寶樹中。皆悉照見。猶如明鏡覩其面像。若

開彼智慧眼．滅此昏盲暗．閉塞諸惡道．通達善趣門。
功祚成滿足．威曜朗十方．日月戢重暉．天光隱不現
爲衆開法藏．廣施功德寶．常於大衆中．說法師子吼。
供養一切佛．具足衆德本．願慧悉成滿．得爲三界雄。
如佛無礙智．通達靡不照．願我功德力．等此最勝尊。
斯願若剋果．大千應感動．虛空諸天神．當雨珍妙華。

佛語阿難．法藏比丘說此頌已．應時普地六種震動．天雨妙華．以散其上。自然音樂空中讚言．決定必成無上正覺。於是法藏比丘具足修滿如是大願．誠諦不虛。超出世間．深樂寂滅。阿難法藏比丘於其佛所．諸天魔梵龍神八部大衆之中．發斯弘誓．建此願已．一向專志莊嚴妙土。所修佛國．開廓廣大．超勝獨妙。建立常然．無衰無變。於不可思議兆載永劫．積植菩薩無量德行。不生欲覺瞋覺害覺．不起欲想瞋想害想．不著色聲香味觸法。忍力成就．不計衆苦。少欲知足．無染恚癡。三昧常寂．智慧無礙．無有虛僞諂曲之心。和顏愛語．先意承問。勇猛精進．志願無倦。專求清白之法．以惠利羣生。恭敬三寶．奉事師長。以大莊嚴具足衆行。令諸衆生功德成就。住空無相無願之法．無作無起．觀法如化。遠離麤言自害害彼彼此俱害．修習善語自利利人．人我兼利。棄國捐王．絕去財色。自行六波羅蜜．教人令行。無央數劫積功累德。隨其生處在意所欲．無量寶藏自然發應。教化

無量壽經上　乃九

安立無數衆生、住於無上正眞之道。或爲長者居士豪姓尊貴、或爲刹利國君轉輪聖帝、或爲六欲天主乃至梵王。常以四事、供養恭敬一切諸佛。如是功德、不可稱說。口氣香潔、如優鉢羅華。身諸毛孔出栴檀香、其香普熏無量世界。容色端正、相好殊妙。其手常出無盡之寶、衣服飲食、珍妙華香繒蓋幢旛、莊嚴之具。如是等事超諸天人。於一切法、而得自在。

阿難白佛、法藏菩薩、爲已成佛而取滅度、爲未成佛、爲今現在。佛告阿難、法藏菩薩、今已成佛、現在西方、去此十萬億刹、其佛世界名曰安樂。阿難又問、其佛成道已來、爲經幾時。佛言成佛已來凡歷十劫。其佛國土、自然七寶、金、銀、瑠璃、珊瑚、琥珀、硨磲、碼碯、合成爲地。恢廓曠蕩、不可限極。悉相雜廁、轉相閒入。光赫煜爍、微妙奇麗、淸淨莊嚴。超踰十方一切世界、衆寶中精。其寶猶如第六天寶。又其國土、無須彌山、及金剛圍、一切諸山。亦無大海小海溪渠井谷。佛神力故、欲見則見。亦無地獄、餓鬼畜生諸難之趣。亦無四時、春秋冬夏、不寒不熱、常和調適。爾時阿難白佛言、世尊、若彼國土、無須彌山、其四天王、及忉利天、依何而住。佛語阿難、第三炎天、乃至色究竟天、皆依何住。阿難白佛、行業果報、不可思議。佛語阿難、行業果報、不可思議。諸佛世界、亦不可思議。其諸衆生功德善力、住行業之地、故能爾耳。阿難白佛、我不疑此法、但爲將來衆生、欲除其疑惑、故問斯義。佛告阿

不爾者·不取正覺。[四一]設我得佛·他方國土諸菩薩衆·聞我名字·至於得佛·諸根缺陋·不具足者·不取正覺。[四二]設我得佛·他方國土諸菩薩衆·聞我名字·皆悉逮得清淨解脫三昧。住是三昧·一發意頃·供養無量不可思議諸佛世尊·而不失定意。若不爾者·不取正覺。[四三]設我得佛·他方國土諸菩薩衆·聞我名字·壽終之後·生尊貴家。若不爾者·不取正覺。[四四]設我得佛·他方國土諸菩薩衆·聞我名字·歡喜踊躍·修菩薩行·具足德本。若不爾者·不取正覺。[四五]設我得佛·他方國土諸菩薩衆·聞我名字·皆悉逮得普等三昧。住是三昧·至於成佛·常見無量不可思議一切諸佛。若不爾者·不取正覺。[四六]設我得佛·國中菩薩·隨其志願·所欲聞法·自然得聞。若不爾者·不取正覺。[四七]設我得佛·他方國土諸菩薩衆·聞我名字·不即得至不退轉者·不取正覺。[四八]設我得佛·他方國土諸菩薩衆·聞我名字·不即得至第一忍第二第三法忍·於諸佛法·不能即得不退轉者·不取正覺。佛告阿難·爾時法藏比丘說此願已·以偈頌曰。

我建超世願·　必至無上道·　斯願不滿足·　誓不成等覺
我於無量劫·　不爲大施主·　普濟諸貧苦·　誓不成等覺
我至成佛道·　名聲超十方·　究竟有不聞·　誓不成等覺
離欲深正念·　淨慧修梵行·　志求無上尊·　爲諸天人師。
神力演大光·　普照無際土·　消除三垢冥·　明濟衆厄難·

難·無量壽佛·威神光明·最尊第一。諸佛光明·所不能及。或照百佛世界·或千佛世界·取要言之·乃照東方恆沙佛剎。南西北方·四維上下·亦復如是。或有佛光照於七尺·或一由旬·二三四五由旬·如是轉倍·乃至照一佛剎。是故無量壽佛·號無量光佛·無邊光佛·無礙光佛·無對光佛·炎王光佛·清淨光佛·歡喜光佛·智慧光佛·不斷光佛·難思光佛·無稱光佛·超日月光佛。其有衆生遇斯光者·三垢消滅·身意柔軟·歡喜踊躍·善心生焉。若在三塗極苦之處·見此光明·皆得休息·無復苦惱。壽終之後·皆蒙解脫。無量壽佛·光明顯赫·照曜十方。諸佛國土·莫不聞焉。不但我今稱其光明·一切諸佛·聲聞緣覺·諸菩薩衆·咸共歎譽·亦復如是。

無量壽經上　乃九

若有衆生·聞其光明威神功德·日夜稱說·至心不斷·隨意所願·得生其國。爲諸菩薩聲聞之衆·所共歎譽·稱其功德。至其最後得佛道時·普爲十方諸佛菩薩·歎其光明·亦如今也。佛言·我說無量壽佛光明威神·巍巍殊妙·晝夜一劫·尚未能盡。佛語阿難·又無量壽佛壽命長久·不可稱計。汝寧知乎。假使十方世界無量衆生·皆得人身·悉令成就聲聞緣覺·都共集會·禪思一心。竭其智力·於百千萬劫·悉共推算·計其壽命長遠之數·不能窮盡·知其限極。聲聞菩薩天人之衆·壽命長短·亦復如是·非算數譬喩所能知也。又聲聞菩薩·其數難量·不可稱說。神智洞達·威力自在·能於掌中·持一切世界。佛語阿難·彼佛初會聲聞衆數不

可稱計、菩薩亦然。如大目揵連、百千萬億無量無數、於阿僧祇
那由他劫、乃至滅度、悉共計校、不能究了多少之數。譬如大海、
深廣無量。假使有人析其一毛、以爲百分、以一分毛沾取一渧、
於意云何、其所渧者、於彼大海、何所爲多。阿難白佛、彼所渧水、
比於大海、多少之量、非巧歷算數言辭譬類所能知也。佛語阿
難、如目連等、於百千萬億那由他劫、計彼初會聲聞菩薩所知
數者、猶如一渧、其所不知、如大海水。
又其國土、七寶諸樹、周滿世界。金樹、銀樹、瑠璃樹、玻瓈樹、珊瑚
樹、碼碯樹、硨磲之樹。或有二寶三寶、乃至七寶、轉共合成。或有
金樹、銀葉華果。或有銀樹、金葉華果。或瑠璃樹、玻瓈爲葉、華果

無量壽經上

乃九

亦然。或水精樹、瑠璃爲葉、華果亦然。或珊瑚樹、碼碯爲葉、華果
亦然。或碼碯樹、瑠璃爲葉、華果亦然。或硨磲樹、衆寶爲葉、華果
亦然。或有寶樹、紫金爲本、白銀爲莖、瑠璃爲枝、水精爲條、珊瑚
爲葉、碼碯爲華、硨磲爲實。或有寶樹、白銀爲本、瑠璃爲莖、水精
爲枝、珊瑚爲條、碼碯爲葉、硨磲爲華、紫金爲實。或有寶樹、瑠璃
爲本、水精爲莖、珊瑚爲枝、碼碯爲條、硨磲爲葉、紫金爲華、白銀
爲實。或有寶樹、水精爲本、珊瑚爲莖、碼碯爲枝、硨磲爲條、紫金
爲葉、白銀爲華、瑠璃爲實。或有寶樹、珊瑚爲本、碼碯爲莖、硨磲
爲枝、紫金爲條、白銀爲葉、瑠璃爲華、水精爲實。或有寶樹、碼碯
爲本、硨磲爲莖、紫金爲枝、白銀爲條、瑠璃爲葉、水精爲華、珊瑚

可稱計。言講亦然。如大目犍連百千萬億無量無數。於阿僧祇那由他劫。乃至滅度。悉共計校。不能究了多少之數。譬如大海深廣無量。假使有人析其一毛以為百分。以一分毛沾取一渧。於意云何。其所渧者。於彼大海。何所為多。阿難白佛。彼所渧水比於大海。多少之量。非巧曆算數言辭譬類所能知也。佛語阿難。如目連等於百千萬億那由他劫。計彼初會聲聞菩薩所知數者。猶如一渧。其所不知。如大海水。

又其國土七寶諸樹周滿世界。金樹銀樹琉璃樹玻瓈樹珊瑚樹瑪瑙樹車磲樹。或有一寶二寶乃至七寶轉共合成。或有金樹銀葉華果。或有銀樹金葉華果。或琉璃樹玻瓈為葉。華果亦然。或水精樹瑠璃為葉。華果亦然。或珊瑚樹瑪瑙為葉。華果亦然。或瑪瑙樹瑠璃為葉。華果亦然。或車磲樹眾寶為葉。華果亦然。或有寶樹。紫金為本。白銀為莖。瑠璃為枝。水精為條。珊瑚為葉。瑪瑙為華。車磲為實。或有寶樹。白銀為本。瑠璃為莖。水精為枝。珊瑚為條。瑪瑙為葉。車磲為華。紫金為實。或有寶樹。瑠璃為本。水精為莖。珊瑚為枝。瑪瑙為條。車磲為葉。紫金為華。白銀為實。或有寶樹。水精為本。珊瑚為莖。瑪瑙為枝。車磲為條。紫金為葉。白銀為華。瑠璃為實。或有寶樹。珊瑚為本。瑪瑙為莖。車磲為枝。紫金為條。白銀為葉。瑠璃為華。水精為實。或有寶樹。瑪瑙為本。車磲為莖。紫金為枝。白銀為條。瑠璃為葉。水精為華。珊瑚

無量壽經上　乃九

爲實。或有寶樹、硨磲爲本、紫金爲莖、白銀爲枝、瑠璃爲條、水精爲葉、珊瑚爲華、碼碯爲實。行行相値、莖莖相望、枝枝相準、葉葉相向、華華相順、實實相當、榮色光曜、不可勝視。清風時發、出五音聲、微妙宮商、自然相和。又無量壽佛其道場樹、高四百萬里。其本周圍五千由旬。枝葉四布二十萬里。一切衆寶自然合成。以月光摩尼、持海輪寶、衆寶之王而莊嚴之。周帀條間、垂寶瓔珞、百千萬色、種種異變、無量光炎、照曜無極。珍妙寶網、羅覆其上。一切莊嚴、隨應而現。微風徐動、吹諸寶樹、演出無量妙法音聲。其聲流布、徧諸佛國。聞其音者、得深法忍、住不退轉、至成佛道。耳根清徹、不遭苦患。目覩其色、鼻知其香、口嘗其味、身觸其光、心以法緣、皆得甚深法忍、住不退轉、至成佛道。六根清徹、無諸惱患。阿難、若彼國土天人見此樹者、得三法忍。一者音響忍、二者柔順忍、三者無生法忍。此皆無量壽佛威神力故、本願力故、滿足願故、明了願故、堅固願故、究竟願故。

佛告阿難、世間帝王有百千音樂、自轉輪聖王、乃至第六天上伎樂音聲、展轉相勝千億萬倍。第六天上萬種樂音、不如無量壽國諸七寶樹一種音聲千億倍也。亦有自然萬種伎樂。又其樂聲無非法音、清暢哀亮、微妙和雅、十方世界音聲之中最爲第一。其講堂精舍宮殿樓觀、皆七寶莊嚴、自然化成。復以眞珠明月摩尼衆寶以爲交絡、覆蓋其上。內外左右有諸浴池。或十

由旬、或二十三十、乃至百千由旬。縱廣深淺、皆各一等。八功德水、湛然盈滿、清淨香潔、味如甘露、黃金池者、底白銀沙、白銀池者、底黃金沙。水精池者、底瑠璃沙、瑠璃池者、底水精沙、珊瑚池者、底琥珀沙。琥珀池者、底珊瑚沙、硨磲池者、底碼碯沙、碼碯池者、底硨磲沙。白玉池者、底紫金沙、紫金池者、底白玉沙。或有二寶三寶、乃至七寶、轉共合成。其池岸上、有栴檀樹、華葉垂布、香氣普熏。天優鉢羅華、鉢曇摩華、拘牟頭華、分陀利華、雜色光茂、彌覆水上。彼諸菩薩及聲聞衆、若入寶池、意欲令水沒足、水即沒足。欲令至膝、即至於膝、欲令至腰、水即至腰、欲令至頸、水即至頸、欲令灌身、自然灌身。欲令還復、水輒還復。調和冷暖、自然隨意。開神悅體、蕩除心垢。清明澄潔、淨若無形。寶沙映徹、無深不照。微瀾迴流、轉相灌注、安詳徐逝、不遲不疾。波揚無量自然妙聲。隨其所應、莫不聞者。或聞佛聲、或聞法聲、或聞僧聲、或寂靜聲、空無我聲、大慈悲聲、波羅蜜聲、或十力無畏不共法聲、諸通慧聲、無所作聲、不起滅聲、無生忍聲、乃至甘露灌頂衆妙法聲。如是等聲、稱其所聞、歡喜無量。隨順清淨離欲寂滅眞實之義、隨順三寶力無所畏不共之法、隨順通慧菩薩聲聞所行之道。無有三塗苦難之名、但有自然快樂之音。是故其國名曰安樂。阿難、彼佛國土諸往生者、具足如是清淨色身、諸妙音聲、神通功德。所處宮殿、衣服飲食、衆妙華香、莊嚴之具、猶第六天自

然之物。若欲食時、七寶鉢器、自然在前、金銀、瑠璃、硨磲、碼碯、珊瑚、琥珀、明月、眞珠、如是諸鉢、隨意而至。百味飲食、自然盈滿、雖有此食、實無食者。但見色聞香、意以爲食、自然飽足。身心柔輭、無所味著。事已化去、時至復現。彼佛國土、清淨安隱、微妙快樂、次於無爲泥洹之道。

其諸聲聞菩薩天人、智慧高明、神通洞達、咸同一類、形無異狀。但因順餘方、故有天人之名。顏貌端正、超世希有。容色微妙、非天非人。皆受自然虛無之身、無極之體。佛告阿難、譬如世間貧窮乞人、在帝王邊、形貌容狀、寧可類乎。阿難白佛、假令此人在帝王邊、羸陋醜惡、無以爲喩、百千萬億、不可計倍。所以然者、貧窮乞人、底極斯下、衣不蔽形、食趣支命、飢寒困苦、人理殆盡。皆坐前世不植德本、積財不施、富有益慳、但欲唐得、貪求無厭、不信修善、犯惡山積。如是壽終、財寶消散、苦身聚積、爲之憂惱、於己無益、徒爲他有。無善可怙、無德可恃、是故死墮惡趣、受此長苦。罪畢得出、生爲下賤、愚鄙斯極、示同人類。所以世間帝王人中獨尊、皆由宿世積德所致。慈惠博施、仁愛兼濟、履信修善、無所違爭。是以壽終福應、得升善道、上生天上、享茲福樂。積善餘慶、今得爲人、乃生王家、自然尊貴、儀容端正、衆所敬事、妙衣珍饍、隨心服御、宿福所追、故能致此。佛告阿難、汝言是也。計如帝王、雖人中尊貴、形色端正、比之轉輪聖王、甚爲鄙陋、猶彼乞人

無量壽經上 乃九

在帝王邊也。轉輪聖王、威相殊妙、天下第一。比之忉利天王、又復醜惡、不得相喻萬億倍也。假令天帝、比第六天王、百千億倍不相類也。設第六天王、比無量壽佛國菩薩聲聞、光顏容色、不相及逮百千萬億不可計倍。

佛告阿難、無量壽國、其諸天人、衣服、飲食、華香、瓔珞、繒蓋幢旛、微妙音聲、所居舍宅宮殿樓閣、稱其形色、高下大小。或一寶二寶、乃至無量衆寶、隨意所欲、應念卽至。又以衆寶妙衣、徧布其地、一切天人、踐之而行。無量寶網、彌覆佛土。皆以金縷眞珠、百千雜寶、奇妙珍異、莊嚴校飾。周帀四面、垂以寶鈴、光色晃曜、盡極嚴麗。自然德風、徐起微動。其風調和、不寒不暑、溫涼柔輭、不遲不疾。吹諸羅網、及衆寶樹、演發無量微妙法音、流布萬種溫雅德香。其有聞者、塵勞垢習、自然不起。風觸其身、皆得快樂、譬如比丘得滅盡三昧。又風吹散華、徧滿佛土、隨色次第、而不雜亂。柔輭光澤、馨香芬烈。足履其上、蹈下四寸、隨舉足已、還復如故。華用已訖、地輒開裂、以次化沒、淸淨無遺。隨其時節、風吹散華、如是六反。又衆寶蓮華、周滿世界、一一寶華、百千億葉。其華光明、無量種色。青色青光、白色白光、玄黃朱紫、光色赫然。煒爗煥爛、明曜日月。一一華中、出三十六百千億光、一一光中、出三十六百千億佛、身色紫金、相好殊特、一一諸佛、又放百千光明、普爲十方說微妙法。如是諸佛、各各安立無量衆生於佛正道。

佛說無量壽經卷上

音釋

障之亮切　綜子宋切機縷也　慴之涉切怯也　摑古獲切擊也　塹七豔切坑也　擣都晧切舂也　祚昨誤切福也　戢則入切斂也　廁初吏切間也　煜爍煜余六切爍書藥切煜爍光貌　析先擊切分也　煒燁煒于鬼切燁域輒切煒燁光盛貌

佛說無量壽經卷下

曹魏康僧鎧譯

佛告阿難·其有衆生生彼國者·皆悉住於正定之聚。所以者何·彼佛國中無諸邪聚·及不定聚。十方恆沙諸佛如來皆共讚歎無量壽佛威神功德不可思議。諸有衆生聞其名號信心歡喜乃至一念至心迴向願生彼國·卽得往生住不退轉。唯除五逆誹謗正法。佛告阿難·十方世界諸天人民·其有至心願生彼國·凡有三輩。其上輩者捨家棄欲而作沙門發菩提心一向專念無量壽佛修諸功德願生彼國。此等衆生臨壽終時·無量壽佛·與諸大衆·現其人前。卽隨彼佛往生其國·便於七寶華中·自然

化生住不退轉智慧勇猛神通自在是故阿難其有衆生欲於今世見無量壽佛應發無上菩提之心修行功德願生彼國佛告阿難其中輩者十方世界諸天人民其有至心願生彼國雖不能行作沙門大修功德當發無上菩提之心一向專念無量壽佛多少修善奉持齋戒起立塔像飯食沙門懸繒然燈散華燒香以此迴向願生彼國其人臨終無量壽佛化現其身光明相好具如眞佛與諸大衆現其人前卽隨化佛往生其國住不退轉功德智慧次如上輩者也佛告阿難其下輩者十方世界諸天人民其有至心欲生彼國假使不能作諸功德當發無上菩提之心一向專意乃至十念念無量壽佛願生其國若聞深法歡喜信樂不生疑惑乃至一念念於彼佛以至誠心願生其國此人臨終夢見彼佛亦得往生功德智慧次如中輩者也

佛告阿難無量壽佛威神無極十方世界無量無邊不可思議諸佛如來莫不稱歎於彼東方恒河沙佛國無量無數諸菩薩衆皆悉往詣無量壽佛所恭敬供養及諸菩薩聲聞之衆聽受經法宣布道化南西北方四維上下亦復如是爾時世尊而說頌曰

東方諸佛國　其數如恒沙　彼土菩薩衆　往覲無量覺
南西北四維　上下亦復然　彼土菩薩衆　往覲無量覺
一切諸菩薩　各賷天妙華　寶香無價衣　供養無量覺

咸然奏天樂．暢發和雅音．歌歎最勝尊．供養無量覺。
究達神通慧．遊入深法門．具足功德藏．妙智無等倫。
慧日朗世間．消除生死雲．恭敬繞三帀．稽首無上尊。
見彼嚴淨土．微妙難思議．因發無量心．願我國亦然。
應時無量尊．動容發欣笑．口出無數光．徧照十方國。
迴光圍繞身．三帀從頂入．一切天人衆．踊躍皆歡喜。
大士觀世音．整服稽首問．白佛何緣笑．唯然願說意。
梵聲猶雷震．八音暢妙響．當授菩薩記．今說仁諦聽。
十方來正士．吾悉知彼願．志求嚴淨土．受決當作佛。
覺了一切法．猶如夢幻響．滿足諸妙願．必成如是剎。
知法如電影．究竟菩薩道．具諸功德本．受決當作佛。
通達諸法性．一切空無我．專求淨佛土．必成如是剎。
諸佛告菩薩．令覲安養佛．聞法樂受行．疾得清淨處。
至彼嚴淨國．便速得神通．必於無量尊．受記成等覺。
其佛本願力．聞名欲往生．皆悉到彼國．自致不退轉。
菩薩興至願．願己國無異．普念度一切．名顯滿十方。
奉事億如來．飛化徧諸剎．恭敬歡喜去．還到安養國。
若人無善心．不得聞此經．清淨有戒者．乃獲聞正法。
曾更見世尊．則能信此事．謙敬聞奉行．踊躍大歡喜。
憍慢弊懈怠．難以信此法．宿世見諸佛．樂聽如是教。

聲聞或菩薩・　莫能究聖心・　譬如從生盲・　欲行開導人。
如來智慧海・　深廣無涯底・　二乘非所測・　唯佛獨明了。
假使一切人・　具足皆得道・　淨慧知本空・　億劫思佛智・
窮力極講說・　盡壽猶不知・　佛慧無邊際・　如是致淸淨。
壽命甚難得・　佛世亦難值・　人有信慧難・　若聞精進求。
聞法能不忘・　見敬得大慶・　則我善親友・　是故當發意。
設滿世界火・　必過要聞法・　會當成佛道・　廣度生死流。

佛告阿難・彼國菩薩・皆當究竟一生補處。除其本願爲衆生故・以弘誓功德而自莊嚴・普欲度脫一切衆生。阿難・彼佛國中諸聲聞衆身光一尋。菩薩光明照百由旬。有二菩薩最尊第一。威神光明普照三千大千世界。阿難白佛・彼二菩薩・其號云何。佛言・一名觀世音・二名大勢至・此二菩薩於此國土修菩薩行・命終轉化生彼佛國。阿難・其有衆生生彼國者・皆悉具足三十二相・智慧成滿・深入諸法・究暢要妙・神通無礙・諸根明利。其鈍根者成就二忍。其利根者得不可計無生法忍。又彼菩薩乃至成佛不受惡趣。神通自在・常識宿命。除生他方五濁惡世示現同彼如我國也。佛語阿難・彼國菩薩承佛威神・一食之頃往詣十方無量世界・恭敬供養諸佛世尊・隨心所念華香伎樂衣蓋幢旛無數無量・供養之具自然化生・應念即至・珍妙殊特非世所有。輒以奉散諸佛及諸菩薩聲聞之衆・在虛空中化成華蓋・光

無量壽經下　乃十

色昱爍香氣普熏其華周圓四百里者如是轉倍乃覆三千大千世界隨其前後以次化沒其諸菩薩僉然欣悅於虛空中共奏天樂以微妙音歌歎佛德聽受經法歡喜無量供養佛已未食之前忽然輕舉還其本國

佛語阿難無量壽佛爲諸聲聞菩薩天人頒宣法時都悉集會七寶講堂廣宣道教演暢妙法莫不歡喜心解得道即時四方自然風起吹七寶樹出五音聲無量妙華隨風四散自然供養如是不絕一切諸天皆賫天上百千華香萬種伎樂供養其佛及諸菩薩聲聞之衆普散華香奏諸音樂前後來往更相開避當斯之時熙怡快樂不可勝言佛語阿難生彼佛國諸菩薩等

所可講說常宣正法隨順智慧無違無失於其國土所有萬物無我所心無染著心去來進止情無所係隨意自在無所適莫無彼無我無競無訟於諸衆生得大慈悲饒益之心柔潤調伏無忿恨心離蓋清淨無厭怠心等心勝心深心定心愛法樂法喜法之心滅諸煩惱離惡趣心究竟一切菩薩所行具足成就無量功德得深禪定諸通明慧遊志七覺修心佛法肉眼清徹靡不分了天眼通達無量無限法眼觀察究竟諸道慧眼見眞能度彼岸佛眼具足覺了法性以無礙智爲人演說等觀三界空無所有志求佛法具諸辯才除滅衆生煩惱之患從如來生解法如如善知集滅音聲方便不欣世語樂在正論修諸善本

志崇佛道。知一切法、皆悉寂滅。生身煩惱、二餘俱盡。聞甚深法、心不疑懼。常能修行、其大悲者、深遠微妙、靡不覆載、究竟一乘、至於彼岸。決斷疑網、慧由心出。於佛教法、該羅無外、智慧如大海、三昧如山王。慧光明淨、超踰日月。清白之法、具足圓滿、猶如雪山。照諸功德、等一淨故、猶如大地、淨穢好惡、無異心故、猶如淨水、洗除塵勞、諸垢染故、猶如火王、燒滅一切煩惱薪故、猶如大風、行諸世界、無障礙故、猶如虛空、於一切有、無所著故、猶如蓮華、於諸世間、無染汙故、猶如大乘、運載羣萌、出生死故、猶如重雲、震大法雷、覺未覺故、猶如大雨、雨甘露法、潤衆生故、如金剛山、衆魔外道、不能動故、如梵天王、於諸善法、最上首故、如尼拘類樹、普覆一切故、如優曇鉢華、希有難遇故、如金翅鳥、威伏外道故、如衆遊禽、無所藏積故、猶如牛王、無能勝故、猶如象王、善調伏故、如師子王、無所畏故、曠若虛空、大慈等故、摧滅嫉心、不忌勝故、專樂求法、心無厭足、常欲廣說、志無疲倦、擊法鼓、建法幢、曜慧日、除癡闇、修六和敬、常行法施、志勇精進、心不退弱、爲世燈明、最勝福田、常爲師導、等無憎愛、唯樂正道、無餘欣戚、拔諸欲刺、以安羣生、功慧殊勝、莫不尊敬、滅三垢障、遊諸神通、因力、緣力、意力、願力、方便之力、常力、善力、定力、慧力、多聞之力、施戒忍辱、精進禪定、智慧之力、正念止觀、諸通明力、如法調伏諸衆生力、如是等力、一切具足。身色相好、功德辯才、具足莊嚴、

無量壽經下 乃十

無與等者。恭敬供養無量諸佛。常爲諸佛所共稱歎。究竟菩薩諸波羅蜜、修空無相無願三昧、不生不滅諸三昧門。遠離聲聞緣覺之地。阿難、彼諸菩薩、成就如是無量功德、我但爲汝略言之耳。若廣說者、百千萬劫不能窮盡。

佛告彌勒菩薩諸天人等、無量壽國聲聞菩薩、功德智慧、不可稱說。又其國土微妙安樂清淨若此。何不力爲善、念道之自然。著於無上下、洞達無邊際。宜各勤精進、努力自求之。必得超絕去、往生安樂國。橫截五惡道、惡道自然閉。昇道無窮極、易往而無人。其國不逆違、自然之所牽。何不棄世事、勤行求道德。可得極長生、壽樂無有極。然世人薄俗、共諍不急之事。於此劇惡極

無量壽經下　乃十

苦之中、勤身營務、以自給濟。無尊無卑、無貧無富、少長男女、共憂錢財。有無同然、憂思適等。屛營愁苦、累念積慮、爲心走使、無有安時。有田憂田、有宅憂宅、牛馬六畜、奴婢錢財、衣食什物、復共憂之。重思累息、憂念愁怖。橫爲非常水火盜賊怨家債主、焚漂劫奪、消散磨滅。憂毒忪忪、無有解時。結憤心中、不離憂惱。心堅意固、適無縱捨。或坐摧碎、身亡命終、棄捐之去、莫誰隨者。尊貴豪富、亦有斯患。憂懼萬端、勤苦若此。結衆寒熱、與痛共居。貧窮下劣、困乏常無。無田亦憂欲有田、無宅亦憂欲有宅、無牛馬六畜奴婢錢財衣食什物、亦憂欲有之。適有一、復少一。有是少是、思有齊等。適欲具有、便復糜散。如是憂苦、當復求索。不能時

得、思想無益。身心俱勞、坐起不安。憂念相隨、勤苦若此、亦結衆
寒熱、與痛共居。或時坐之、終身夭命、不肯爲善、行道進德、壽終
身死、當獨遠去、有所趣向、善惡之道、莫能知者、世間人民、父子
兄弟、夫婦、家室中外親屬、當相敬愛、無相憎嫉、有無相通、無得
貪惜、言色常和、莫相違戾、或時心諍、有所恚怒、今世恨意、微相
憎嫉、後世轉劇、至成大怨。所以者何、世間之事、更相患害、雖不
即時、應急相破、然含毒畜怒、結憤精神、自然剋識、不得相離、皆
當對生、更相報復。人在世間愛欲之中、獨生獨死、獨去獨來、當
行至趣、苦樂之地、身自當之、無有代者。善惡變化、殃福異處、宿
豫嚴待、當獨趣入。遠到他所、莫能見者。善惡自然、追行所生、窈

無量壽經下

乃十

窈冥冥、別離久長、道路不同、會見無期。甚難甚難、今得相值。何
不棄衆事、各遇強健時、努力勤修善、精進願度世、可得極長生。
如何不求道、安所須待、欲何樂乎。如是世人、不信作善得善、爲
道得道。不信人死更生、惠施得福、善惡之事、都不信之、謂之不
然、終無有是。但坐此故、且自見之、更相瞻視、先後同然、轉相承
受父餘教令、先人祖父、素不爲善、不識道德、身愚神闇、心塞意
閉。死生之趣、善惡之道、自不能見、無有語者。吉凶禍福、競各作
之、無一怪也。生死常道、轉相嗣立、或父哭子、或子哭父、兄弟夫
婦、更相哭泣。顚倒上下、無常根本、皆當過去、不可常保。教語開
導、信之者少。是以生死流轉、無有休止。如此之人、蒙冥抵突、不

信經法、心無遠慮、各欲快意、癡惑愛欲。不達於道德、迷沒於瞋怒、貪狼於財色、坐之不得道、當更惡趣苦、生死無窮、已哀哉甚可傷。或時室家父子兄弟夫婦、一死一生、更相哀愍、恩愛思慕憂念結縛、心意痛著、迭相顧戀、窮日卒歲、無有解已、教語道德心不開明、思想恩好、不離情欲。昏蒙闇塞、愚惑所覆、不能深思熟計、心自端正、專精行道、決斷世事、便旋至竟、年壽終盡、不能得道、無可奈何。總猥憒擾、皆貪愛欲、惑道者衆、悟之者少、世間忽忽、無可聊賴。尊卑上下、貧富貴賤、勤苦忽務、各懷殺毒、惡氣窈冥、爲妄興事、違逆天地、不從人心、自然非惡、先隨與之、恣聽所爲、待其罪極、其壽未終盡、便頓奪之。下入惡道、累世勤苦展轉其中、數千億劫、無有出期、痛不可言、甚可哀愍。

佛告彌勒菩薩諸天人等、我今語汝、世間之事、人用是故、坐不得道。當熟思計、遠離衆惡、擇其善者、勤而行之、愛欲榮華、不可常保、皆當別離、無可樂者、遇佛在世、當勤精進。其有至願生安樂國者、可得智慧明達、功德殊勝。勿得隨心所欲、虧負經戒、在人後也。儻有疑意、不解經者、可具問佛、當爲說之。彌勒菩薩長跪白言、佛威神尊重、所說快善、聽佛經語、貫心思之、世人實爾、如佛所言。今佛慈愍、顯示大道、耳目開明、長得度脫、聞佛所說、莫不歡喜。諸天人民、蠕動之類、皆蒙慈恩、解脫憂苦。佛語教戒、甚深甚善。智慧明見、八方上下、去來今事、莫不究暢。今我衆等、

卷上正墨

無量壽經下

五三

無能幾何。上有賢明長者尊貴豪富。下有貧窮廝賤尫劣愚夫。中有不善之人。常懷邪惡。但念淫泆。煩滿胸中。愛欲交亂。坐起不安。貪意守惜。但欲唐得。眄睞細色。邪態外逸。自妻厭憎。私妄出入。費損家財。事爲非法。交結聚會。興師相伐。攻劫殺戮。強奪無道。惡心在外。不自修業。盜竊趣得。欲擊成事。恐勢迫脅。歸給妻子。恣心快意。極身作樂。或於親屬。不避尊卑。家室中外。患而苦之。亦復不畏王法禁令。如是之惡。著於人鬼。日月照見。神明記識。故有自然三塗無量苦惱。展轉其中。世世累劫。無有出期。難得解脫。痛不可言。是爲三大惡三痛三燒。勤苦如是。譬如大火焚燒人身。人能於中一心制意。端身正行。獨作諸善。不爲衆

惡者。身獨度脫。獲其福德度世上天泥洹之道。是爲三大善也。

佛言。其四惡者。世間人民不念修善。轉相教令共爲衆惡。兩舌惡口。妄言綺語。讒賊鬬亂。憎嫉善人。敗壞賢明。於傍快喜。不孝二親。輕慢師長。朋友無信。難得誠實。尊貴自大。謂己有道。橫行威勢。侵易於人。不能自知。爲惡無恥。自以強健。欲人敬難。不畏天地神明日月。不肯作善。難可降化。自用偃蹇。謂可常爾。無所憂懼。常懷憍慢。如是衆惡。天神記識。賴其前世頗作福德。小善扶接。營護助之。今世爲惡。福德盡滅。諸善鬼神各去離之。身獨空立。無所復依。壽命終盡。諸惡所歸。自然迫促。共趣奪之。又其名籍記在神明。殃咎牽引。當往趣向。罪報自然。無從捨離。但得

佛言、其二惡者、世間人民、父子兄弟、室家夫婦、都無義理、不順法度。奢婬憍縱、各欲快意、任心自恣、更相欺惑、心口各異、言念無實。佞諂不忠、巧言諛媚、嫉賢謗善、陷入怨枉、主上不明、任用臣下。臣下自在、機僞多端、踐度能行、知其形勢、在位不正、爲其所欺。妄損忠良、不當天心、臣欺其君、子欺其父、兄弟夫婦、中外知識、更相欺誑、各懷貪欲、瞋恚愚癡。欲自厚己、欲貪多有、尊卑上下、心俱同然、破家亡身、不顧前後、親屬內外、坐之滅族。或時室家知識、鄉黨市里、愚民野人、轉共從事、更相利害、忿成怨結。富有慳惜、不肯施與。愛保貪重、心勞身苦、如是至竟、無所恃怙。獨來獨去、無一隨者。善惡禍福、追命所生、或在樂處、或入苦毒。

然後乃悔、當復何及、世間人民、心愚少智、見善憎謗、不思慕及。但欲爲惡、妄作非法、常懷盜心、悕望他利、消散磨盡、而復求索。邪心不正、懼人有色。不豫思計、事至乃悔、今世現有王法牢獄、隨罪趣向、受其殃罰、因其前世不信道德、不修善本。今復爲惡、天神剋識、別其名籍、壽終神逝、下入惡道、故有自然三塗無量苦惱、展轉其中、世世累劫、無有出期、難得解脫、痛不可言、是爲二大惡、二痛、二燒、勤苦如是、譬如大火焚燒人身、人能於中一心制意、端身正行、獨作諸善、不爲衆惡者、身獨度脫、獲其福德、度世上天泥洹之道、是爲二大善也。

佛言、其三惡者、世間人民、相因寄生、共居天地之間。處年壽命、

佛告彌勒、汝等能於此世、端心正意、不作衆惡、甚爲至德。十方
世界最無倫匹。所以者何、諸佛國土天人之類、自然作善、不大
爲惡、易可開化。今我於此世間作佛、處於五惡五痛五燒之中、
爲最劇苦。教化羣生、令捨五惡、令去五痛、令離五燒、降化其意、
令持五善、獲其福德度世長壽泥洹之道。佛言、何等五惡、何等
五痛、何等五燒、何等消化五惡、令持五善、獲其福德度世長壽
泥洹之道。其一惡者、諸天人民蜎動之類、欲爲衆惡、莫不皆然。
强者伏弱、轉相剋賊、殘害殺戮、迭相吞噬、不知修善、惡逆無道、
後受殃罰、自然趣向。神明記識、犯者不赦。故有貧窮下賤乞丐
孤獨聾盲瘖瘂愚癡弊惡、至有尫狂不逮之屬。又有尊貴豪富

無量壽經下 乃十

高才明達、皆由宿世慈孝、修善積德所致。世有常道王法牢獄、
不肯畏愼、爲惡入罪、受其殃罰、求望解脫、難得免出。世間有此
目前現事。壽終後世、尤深尤劇。入其幽冥、轉生受身。譬如王法
痛苦極刑。故有自然三塗無量苦惱、轉貿其身、改形易道。所受
壽命、或長或短。魂神精識、自然趣之。當獨値向、相從共生、更相
報復、無有止已。殃惡未盡、不得相離。展轉其中、無有出期、難得
解脫、痛不可言。天地之間、自然有是。雖不卽時卒暴應至、善惡
之道、會當歸之。是爲一大惡一痛一燒。勤苦如是。譬如大火焚
燒人身。人能於中一心制意、端身正行、獨作諸善、不爲衆惡者、
身獨度脫、獲其福德、度世上天泥洹之道。是爲一大善也。

所以蒙得度脫、皆佛前世求道之時、謙苦所致。恩德普覆、福祿巍巍。光明徹照、達空無極、開入泥洹、教授典攬、威制消化、感動十方、無窮無極。佛爲法王、尊超衆聖、普爲一切天人之師、隨心所願、皆令得道。今得值佛、復聞無量壽聲、靡不歡喜、心得開明。佛告彌勒、汝言是也。若有慈敬於佛者、實爲大善。天下久久、乃復有佛。今我於此世作佛、演說經法、宣布道教、斷諸疑網、拔愛欲之本、杜衆惡之源、遊步三界、無所罣礙。典攬智慧、衆道之要、執持綱維、昭然分明。開示五趣、度未度者、決正生死泥洹之道。彌勒當知、汝從無數劫來、修菩薩行、欲度衆生、其已久遠。從汝得道、至於泥洹、不可稱數。汝及十方諸天人民、一切四衆、永劫已來、展轉五道、憂畏勤苦、不可具言。乃至今世、生死不絕、與佛相值、聽受經法、又復得聞無量壽佛、快哉甚善、吾助爾喜、汝今亦可自厭生死老病痛苦、惡露不淨、無可樂者。宜自決斷、端身正行、益作諸善。修己潔淨、洗除心垢、言行忠信、表裏相應、人能自度、轉相拯濟、精明求願、積累善本、雖一世勤苦、須臾之間。後生無量壽國、快樂無極、長與道德合明、永拔生死根本、無復貪恚愚癡苦惱之患。欲壽一劫百劫千億萬劫、自在隨意、皆可得之。無爲自然、次於泥洹之道、汝等宜各精進、求心所願。無得疑惑中悔、自爲過咎、生彼邊地七寶宮殿、五百歲中受諸厄也。彌勒白言、受佛重誨、專精修學、如教奉行、不敢有疑。

前行、入於火鑊。身心摧碎、精神痛苦。當斯之時、悔復何及。天道冏然、不得蹉跌。故有自然三塗無量苦惱、展轉其中、世世累劫、無有出期、難得解脫、痛不可言。是爲四大惡四痛四燒、勤苦如是。譬如大火焚燒人身、人能於中一心制意、端身正行、獨作諸善、不爲衆惡、身獨度脫、獲其福德度世上天泥洹之道、是爲四大善也。

佛言、其五惡者、世間人民、徙倚懈惰、不肯作善、治身修業。家室眷屬、飢寒困苦、父母教誨、瞋目怒應、言令不和、違戾反逆。譬如怨家、不如無子。取與無節、衆共患厭、負恩違義、無有報償之心。貧窮困乏、不能復得。辜較縱奪、放恣遊散、串數唐得、用自賑給。

耽酒嗜美、飲食無度。肆心蕩逸、魯扈抵突。不識人情、強欲抑制。見人有善、妬嫉惡之。無義無禮、無所顧難、自用識當、不可諫曉。六親眷屬、所資有無、不能憂念、不惟父母之恩、不存師友之義。心常念惡、口常言惡、身常行惡、曾無一善。不信先聖諸佛經法、不信行道可得度世、不信死後神明更生、不信作善得善、爲惡得惡。欲殺眞人、鬬亂衆僧、欲害父母兄弟眷屬、六親憎惡、願令其死。如是世人、心意俱然、愚癡蒙昧、而自以智慧、不知生所從來、死所趣向、不仁不順、惡逆天地、而於其中悕望僥倖、欲求長生、會當歸死。慈心教誨、令其念善、開示生死善惡之趣、自然有是、而不肯信之、苦心與語、無益其人、心中閉塞、意不開解。大命

將終·悔懼交至。不豫修善·臨窮方悔·悔之於後·將何及乎。天地之間·五道分明。恢廓窈冥·浩浩茫茫。善惡報應·禍福相承。身自當之·無誰代者。數之自然·應期所行。殃咎追命·無得從捨。善人行善·從樂入樂·從明入明·惡人行惡·從苦入苦·從冥入冥。誰能知者·獨佛知耳。教語開示·信用者少。生死不休·惡道不絕。如是世人·難可具盡。故有自然三塗·無量苦惱。展轉其中·世世累劫·無有出期·難得解脫·痛不可言。是爲五大惡·五痛·五燒·勤苦如是。譬如大火焚燒人身·人能於中一心制意·端身正念·言行相副·所作至誠·所語如語·心口不轉·獨作諸善·不爲衆惡·身獨度脫·獲其福德·度世上天·泥洹之道·是爲五大善也。

佛告彌勒·吾語汝等·是世五惡·勤苦若此。五痛五燒·展轉相生。但作衆惡·不修善本·皆悉自然入諸惡趣。或其今世先被殃病·求死不得·求生不得·罪惡所招·示衆見之·身死隨行·入三惡道·苦毒無量·自相燋然。至其久後·共作怨結·從小微起·遂成大惡。皆由貪著財色·不能施惠。癡欲所迫·隨心思想。煩惱結縛·無有解已。厚己諍利·無所省錄。富貴榮華·當時快意。不能忍辱·不務修善。威勢無幾·隨以磨滅。身坐勞苦·久後大劇。天道弛張·自然糺舉。綱維羅網·上下相應。煢煢忪忪·當入其中。古今有是·痛哉可傷。佛語彌勒·世間如是·佛皆哀之。以威神力·摧滅衆惡·悉令就善。棄捐所思·奉持經戒。受行道法·無所違失。終得度世泥洹

無量壽經下 乃十

之道。佛言、汝今諸天人民、及後世人、得佛經語、當熟思之。能於其中端心正行。主上爲善、率化其下。轉相勅令、各自端守。尊聖敬善、仁慈博愛。佛語教誨、無敢虧負。當求度世、拔斷生死衆惡之本。當離三塗無量憂怖苦痛之道。汝等於是、廣植德本、布恩施惠、勿犯道禁。忍辱精進、一心智慧。轉相教化、爲德立善。正心正意、齋戒清淨一日一夜、勝在無量壽國爲善百歲。所以者何、彼佛國土無爲自然、皆積衆善、無毛髮之惡。於此修善十日十夜、勝於他方諸佛國中爲善千歲。所以者何、他方佛國爲善者多、爲惡者少、福德自然、無造惡之地。唯此間多惡、無有自然。勤苦求欲、轉相欺殆。心勞形困、飲苦食毒。如是惡務、未嘗寧息。吾哀汝等天人之類、苦心誨喩、教令修善。隨宜開導、授與經法、莫不承用。在意所願、皆令得道。佛所遊履國邑丘聚、靡不蒙化。天下和順、日月清明。風雨以時、災厲不起。國豐民安、兵戈無用。崇德興仁、務修禮讓。佛言、我哀愍汝等諸天人民、甚於父母念子。今我於此世作佛、降化五惡、消除五痛、絶滅五燒。以善攻惡、拔生死之苦。令獲五德、升無爲之安。吾去世後、經道漸滅、人民諂僞、復爲衆惡。五燒五痛、還如前法。久後轉劇、不可悉說。我但爲汝略言之耳。佛語彌勒、汝等各善思之、轉相教誡、如佛經法、無得犯也。於是彌勒菩薩、合掌白言、佛所說甚善、世人實爾。如來普慈哀愍、悉令度脫。受佛重誨、不敢違失。

佛告阿難，汝起更整衣服，合掌恭敬，禮無量壽佛。十方國土諸佛如來，常共稱揚讚歎彼佛無著無礙。於是阿難起整衣服，正身西面，恭敬合掌，五體投地，禮無量壽佛。白言，世尊，願見彼佛安樂國土，及諸菩薩聲聞大衆。說是語已，卽時無量壽佛，放大光明，普照一切諸佛世界。金剛圍山，須彌山王，大小諸山，一切所有皆同一色。譬如劫水彌滿世界，其中萬物沈沒不現，滉瀁浩汗，唯見大水。彼佛光明亦復如是，聲聞菩薩一切光明，皆悉隱蔽，唯見佛光明耀顯赫。爾時阿難，卽見無量壽佛，威德巍巍，如須彌山王，高出一切諸世界上，相好光明，靡不照耀。此會四衆，一時悉見。彼見此土，亦復如是。爾時佛告阿難及慈氏菩薩，

汝見彼國，從地已上，至淨居天，其中所有微妙嚴淨自然之物，爲悉見不。阿難對曰，唯然已見。汝寧復聞無量壽佛大音宣布一切世界化衆生不。阿難對曰，唯然已聞。彼國人民，乘百千由旬七寶宮殿，無所障礙，徧至十方供養諸佛，汝復見不。對曰，已見。彼國人民，有胎生者，汝復見不。對曰，已見。其胎生者所處宮殿，或百由旬，或五百由旬，各於其中受諸快樂，如忉利天上，亦皆自然。

爾時慈氏菩薩白佛言，世尊，何因何緣，彼國人民，胎生化生。佛告慈氏，若有衆生，以疑惑心修諸功德，願生彼國，不了佛智，不思議智，不可稱智，大乘廣智，無等無倫最上勝智。於此諸智疑

惑不信然猶信罪福修習善本願生其國此諸衆生生彼宮殿壽五百歲常不見佛不聞經法不見菩薩聲聞聖衆是故於彼國土謂之胎生若有衆生明信佛智乃至勝智作諸功德信心迴向此諸衆生於七寶華中自然化生跏趺而坐須臾之頃身相光明智慧功德如諸菩薩具足成就復次慈氏他方諸大菩薩發心欲見無量壽佛恭敬供養及諸菩薩聲聞聖衆彼菩薩等命終得生無量壽國於七寶華中自然化生彌勒當知彼化生者智慧勝故其胎生者皆無智慧於五百歲中常不見佛不聞經法不見菩薩諸聲聞衆無由供養於佛不知菩薩法式不得修習功德當知此人宿世之時無有智慧疑惑所致佛告彌

勒譬如轉輪聖王有七寶牢獄種種莊嚴張設牀帳懸諸繒蓋若有諸小王子得罪於王輒內彼獄中繫以金鎖供養飯食衣服牀蓐華香伎樂如轉輪王無所乏少於意云何此諸王子寧樂彼處不對曰不也但種種方便求諸大力欲自勉出佛告彌勒此諸衆生亦復如是以疑惑佛智故生彼七寶宮殿無有刑罰乃至一念惡事但於五百歲中不見三寶不得供養修諸善本以此爲苦雖有餘樂猶不樂彼處若此衆生識其本罪深自悔責求離彼處卽得如意往詣無量壽佛所恭敬供養亦得徧至無量無數諸餘佛所修諸功德彌勒當知其有菩薩生疑惑者爲失大利是故應當明信諸佛無上智慧

彼國者、晝夜一劫、尚未能盡。我今爲汝略說之耳。
佛告彌勒、其有得聞彼佛名號、歡喜踊躍、乃至一念、當知此人
爲得大利、則是具足無上功德。是故彌勒、設有大火充滿三千
大千世界、要當過此、聞是經法、歡喜信樂、受持讀誦、如說修行。
所以者何、多有菩薩、欲聞此經、而不能得、若有衆生聞此經者、
於無上道、終不退轉。是故應當專心信受、持誦說行。吾今爲諸
衆生說此經法、令見無量壽佛及其國土一切所有、所當爲者、
皆可求之。無得以我滅度之後、復生疑惑。當來之世、經道滅盡、
我以慈悲哀愍、特留此經、止住百歲。其有衆生値斯經者、隨意
所願、皆可得度。佛語彌勒、如來興世、難値難見、諸佛經道、難得

難聞。菩薩勝法、諸波羅蜜、得聞亦難。遇善知識、聞法能行、此亦
爲難。若聞斯經、信樂受持、難中之難、無過此難。是故我法、如是
作、如是說、如是教。應當信順、如法修行。
爾時世尊說此經法、無量衆生、皆發無上正覺之心。萬二千那
由他人、得淸淨法眼。二十二億諸天人民、得阿那含果。八十萬
比丘、漏盡意解。四十億菩薩、得不退轉。以弘誓功德而自莊嚴、
於將來世、當成正覺。爾時三千大千世界、六種震動、大光普照
十方國土。百千音樂、自然而作、無量妙華、芬芬而降。佛說經已、
彌勒菩薩、及十方來諸菩薩衆、長老阿難、諸大聲聞、一切大衆、
靡不歡喜。

佛說無量壽經卷下

音釋

僉 七廉切皆也 熙怡 熙許羈切怡弋之切熙怡和樂貌 態 他代切姿態也 冏 俱永切開明也 滉瀁 滉胡廣切瀁餘兩切滉瀁水貌

大佛頂首楞嚴經大勢至菩薩念佛圓通章

唐天竺沙門般剌密諦譯

大勢至法王子、與其同倫五十二菩薩、即從座起、頂禮佛足、而白佛言。我憶往昔恆河沙劫、有佛出世、名無量光。十二如來、相繼一劫。其最後佛、名超日月光。彼佛教我念佛三昧、譬如有人、一專爲憶、一人專忘、如是二人、若逢不逢、或見非見、二人相憶、二憶念深、如是乃至從生至生、同於形影、不相乖異、十方如來、憐念衆生、如母憶子、若子逃逝、雖憶何爲。子若憶母、如母憶時、母子歷生、不相違遠、若衆生心、憶佛念佛、現前當來、必定見佛、去佛不遠。不假方便、自得心開。如染香人、身有香氣、此則名曰

香光莊嚴。我本因地．以念佛心．入無生忍。今於此界．攝念佛人．歸於淨土。佛問圓通．我無選擇。都攝六根．淨念相繼．得三摩地．斯爲第一。

大佛頂首楞嚴經大勢至菩薩念佛圓通章

大方廣佛華嚴經普賢菩薩行願品

唐罽賓國三藏般若奉詔譯

爾時普賢菩薩摩訶薩．稱歎如來勝功德已．告諸菩薩．及善財言。善男子．如來功德．假使十方一切諸佛．經不可說不可說佛剎極微塵數劫．相續演說．不可窮盡。若欲成就此功德門．應修十種廣大行願。何等爲十．一者禮敬諸佛．二者稱讚如來．三者廣修供養．四者懺悔業障．五者隨喜功德．六者請轉法輪．七者請佛住世．八者常隨佛學．九者恆順衆生．十者普皆迴向。善財白言．大聖．云何禮敬．乃至迴向。

普賢菩薩告善財言．善男子．言禮敬諸佛者．所有盡法界虛空

界十方三世一切佛刹極微塵數諸佛世尊我以普賢行願力故深心信解如對目前悉以清淨身語意業常修禮敬一一佛所皆現不可說不可說佛刹極微塵數身一一身徧禮不可說不可說佛刹極微塵數佛虛空界盡我禮乃盡以虛空界不可盡故我此禮敬無有窮盡如是乃至衆生界盡衆生業盡衆生煩惱盡我禮乃盡而衆生界乃至煩惱無有盡故我此禮敬無有窮盡念念相續無有閒斷身語意業無有疲厭

復次善男子言稱讚如來者所有盡法界虛空界十方三世一切刹土所有極微一一塵中皆有一切世間極微塵數佛一一佛所皆有菩薩海會圍繞我當悉以甚深勝解現前知見各以

普賢行願品

出過辯才天女微妙舌根一一舌根出無盡音聲海一一音聲出一切言辭海稱揚讚歎一切如來諸功德海窮未來際相續不斷盡於法界無不周徧如是虛空界盡衆生界盡衆生業盡衆生煩惱盡我讚乃盡而虛空界乃至煩惱無有盡故我此讚歎無有窮盡念念相續無有閒斷身語意業無有疲厭

復次善男子言廣修供養者所有盡法界虛空界十方三世一切佛刹極微塵中一一各有一切世界極微塵數佛一一佛所種種菩薩海會圍繞我以普賢行願力故起深信解現前知見悉以上妙諸供養具而爲供養所謂華雲鬘雲天音樂雲天傘蓋雲天衣服雲天種種香塗香燒香末香如是等雲一一量如

須彌山王。然種種燈．酥燈油燈．諸香油燈．一一燈炷如須彌山．一一燈油如大海水。以如是等諸供養具．常爲供養。善男子．諸供養中．法供養最。所謂如說修行供養．利益衆生供養．攝受衆生供養．代衆生苦供養．勤修善根供養．不捨菩薩業供養．不離菩提心供養。善男子．如前供養無量功德．比法供養一念功德．百分不及一．千分不及一．百千俱胝那由他分．迦羅分．算分．數分．喻分．優波尼沙陀分．亦不及一。何以故．以諸如來尊重法故。以如說行．出生諸佛故。若諸菩薩行法供養．則得成就供養如來。如是修行．是眞供養故。此廣大最勝供養．虛空界盡．衆生界盡．衆生業盡．衆生煩惱盡．我供乃盡。而虛空界乃至煩惱不可

盡故．我此供養亦無有盡。念念相續．無有間斷．身語意業．無有疲厭。

復次善男子．言懺悔業障者．菩薩自念．我於過去無始劫中．由貪瞋癡．發身口意．作諸惡業．無量無邊。若此惡業有體相者．盡虛空界不能容受。我今悉以清淨三業．徧於法界極微塵剎．一切諸佛菩薩衆前．誠心懺悔．後不復造．恆住淨戒一切功德。如是虛空界盡．衆生界盡．衆生業盡．衆生煩惱盡．我懺乃盡。而虛空界乃至衆生煩惱不可盡故．我此懺悔無有窮盡。念念相續．無有間斷。身語意業．無有疲厭。

復次善男子．言隨喜功德者．所有盡法界虛空界．十方三世一

切佛剎、極微塵數諸佛如來。從初發心、爲一切智、勤修福聚、不惜身命、經不可說不可說佛剎極微塵數劫。一一劫中、捨不可說不可說佛剎極微塵數頭目手足。如是一切難行苦行、圓滿種種波羅蜜門、證入種種菩薩智地、成就諸佛無上菩提、及般涅槃、分布舍利、所有善根、我皆隨喜。及彼十方一切世界、六趣四生、一切種類、所有功德、乃至一塵、我皆隨喜。十方三世一切聲聞及辟支佛、有學無學、所有功德、我皆隨喜。一切菩薩所修無量難行苦行、志求無上正等菩提、廣大功德、我皆隨喜。如是虛空界盡、衆生界盡、衆生業盡、衆生煩惱盡、我此隨喜無有窮盡。念念相續、無有間斷。身語意業、無有疲厭。

復次善男子、言請轉法輪者、所有盡法界虛空界、十方三世一切佛剎極微塵中、一一各有不可說不可說佛剎極微塵數廣大佛剎。一一剎中、念念有不可說不可說佛剎極微塵數一切諸佛成等正覺、一切菩薩海會圍繞。而我悉以身口意業、種種方便、殷勤勸請轉妙法輪。如是虛空界盡、衆生界盡、衆生業盡、衆生煩惱盡、我常勸請一切諸佛轉正法輪、無有窮盡。念念相續、無有間斷。身語意業、無有疲厭。

復次善男子、言請佛住世者、所有盡法界虛空界、十方三世一切佛剎極微塵數諸佛如來、將欲示現般涅槃者、及諸菩薩聲聞緣覺、有學無學、乃至一切諸善知識、我悉勸請莫入涅槃。經

於一切佛剎極微塵數劫·爲欲利樂一切衆生。如是虛空界盡·衆生界盡·衆生業盡·衆生煩惱盡·我此勸請無有窮盡。念念相續·無有間斷。身語意業·無有疲厭。

復次善男子·言常隨佛學者·如此娑婆世界毗盧遮那如來·從初發心·精進不退·以不可說不可說身命而爲布施。剝皮爲紙·析骨爲筆·刺血爲墨·書寫經典·積如須彌。爲重法故·不惜身命·何況王位·城邑聚落·宮殿園林·一切所有·及餘種種難行苦行。乃至樹下成大菩提·示種種神通·起種種變化·現種種佛身·處種種衆會·或處一切諸大菩薩衆會道場·或處聲聞及辟支佛衆會道場·或處轉輪聖王小王眷屬衆會道場·或處剎利及婆

普賢行願品 退十

羅門長者居士衆會道場·乃至或處天龍八部人非人等衆會道場處。於如是種種衆會·以圓滿音·如大雷震·隨其樂欲·成熟衆生·乃至示現入於涅槃·如是一切·我皆隨學。如今世尊毗盧遮那·如是盡法界虛空界十方三世一切佛剎所有塵中一切如來皆亦如是·於念念中·我皆隨學。如是虛空界盡·衆生界盡·衆生業盡·衆生煩惱盡·我此隨學無有窮盡。念念相續·無有間斷。身語意業·無有疲厭。

復次善男子·言恆順衆生者·謂盡法界虛空界·十方剎海所有衆生·種種差別。所謂卵生·胎生·濕生·化生·或有依於地水火風而生住者·或有依空及諸卉木而生住者·種種生類·種種色身·

種種形狀．種種相貌．種種壽量．種種族類．種種名號．種種心性．種種知見．種種欲樂．種種意行．種種威儀．種種衣服．種種飲食．處於種種村營聚落城邑宮殿。乃至一切天龍八部人非人等。無足二足四足多足．有色無色．有想無想．非有想非無想．如是等類．我皆於彼隨順而轉。種種承事．種種供養．如敬父母．如奉師長．及阿羅漢．乃至如來．等無有異。於諸病苦．為作良醫。於失道者．示其正路。於闇夜中．為作光明．於貧窮者．令得伏藏．菩薩如是平等饒益一切衆生。何以故．菩薩若能隨順衆生．則為隨順供養諸佛。若於衆生尊重承事．則為尊重承事如來。若令衆生生歡喜者．則令一切如來歡喜。何以故．諸佛如來以大悲心而為體故。因於衆生而起大悲．因於大悲生菩提心．因菩提心成等正覺。譬如曠野沙磧之中有大樹王．若根得水．枝葉華果悉皆繁茂。生死曠野菩提樹王．亦復如是。一切衆生而為樹根．諸佛菩薩而為華果。以大悲水饒益衆生．則能成就諸佛菩薩智慧華果。何以故．若諸菩薩以大悲水饒益衆生．則能成就阿耨多羅三藐三菩提故。是故菩提屬於衆生．若無衆生。一切菩薩終不能成無上正覺。善男子．汝於此義應如是解。以於衆生心平等故．則能成就圓滿大悲．以大悲心隨衆生故．則能成就供養如來。菩薩如是隨順衆生．虛空界盡．衆生界盡．衆生業盡．衆生煩惱盡．我此隨順無有窮盡．念念相續．無有間斷。身語意

普賢行願品 退十

業無有疲厭。

復次善男子·言普皆迴向者·從初禮拜·乃至隨順·所有功德·皆悉迴向盡法界虛空界一切衆生。願令衆生常得安樂·無諸病苦。欲行惡法·皆悉不成。所修善業·皆速成就。關閉一切諸惡趣門·開示人天涅槃正路。若諸衆生·因其積集諸惡業故·所感一切極重苦果·我皆代受。令彼衆生·悉得解脫·究竟成就無上菩提。菩薩如是所修迴向·虛空界盡·衆生界盡·衆生業盡·衆生煩惱盡·我此迴向無有窮盡。念念相續·無有閒斷。身語意業·無有疲厭。

善男子·是爲菩薩摩訶薩十種大願·具足圓滿。若諸菩薩於此大願·隨順趣入·則能成熟一切衆生·則能隨順阿耨多羅三藐三菩提·則能成滿普賢菩薩諸行願海。是故善男子·汝於此義應如是知。若有善男子善女人·以滿十方無量無邊不可說不可說佛刹極微塵數一切世界上妙七寶·及諸人天最勝安樂·布施爾所一切世界所有衆生·供養爾所一切世界諸佛菩薩·經爾所佛刹極微塵數劫·相續不斷·所得功德。若復有人聞此願王·一經於耳·所有功德·比前功德·百分不及一·千分不及一·乃至優波尼沙陀分亦不及一。或復有人·以深信心·於此大願·受持讀誦·乃至書寫一四句偈·速能除滅五無閒業·所有世間身心等病·種種苦惱·乃至佛刹極微塵數一切惡業·皆得消除。

一切魔軍．夜叉羅刹．若鳩槃茶．若毗舍闍．若部多等．飲血啗肉．
諸惡鬼神．皆悉遠離。或時發心親近守護．是故若人誦此願者．
行於世間．無有障礙．如空中月．出於雲翳。諸佛菩薩之所稱讚．
一切人天．皆應禮敬．一切衆生．悉應供養。此善男子．善得人身．
圓滿普賢所有功德．不久當如普賢菩薩．速得成就微妙色身．
具三十二大丈夫相。若生人天．所在之處．常居勝族。悉能破壞
一切惡趣．悉能遠離一切惡友．悉能制伏一切外道．悉能解脫
一切煩惱。如師子王．摧伏羣獸。堪受一切衆生供養。又復是人
臨命終時．最後刹那。一切諸根．悉皆散壞．一切親屬．悉皆捨離．
一切威勢．悉皆退失．輔相大臣．宮城內外．象馬車乘．珍寶伏藏．
如是一切無復相隨。唯此願王．不相捨離．於一切時．引導其前。
一刹那中．即得往生極樂世界。到已即見阿彌陀佛．文殊師利
菩薩．普賢菩薩．觀自在菩薩．彌勒菩薩等。此諸菩薩．色相端嚴．
功德具足．所共圍繞。其人自見生蓮華中．蒙佛授記。得授記已．
經於無數百千萬億那由他劫．普於十方不可說不可說世界．
以智慧力．隨衆生心而爲利益。不久當坐菩提道場．降伏魔軍．
成等正覺．轉妙法輪．能令佛刹極微塵數世界衆生．發菩提心．
隨其根性．教化成熟．乃至盡於未來劫海．廣能利益一切衆生．
善男子．彼諸衆生．若聞若信此大願王．受持讀誦．廣爲人說．所
有功德．除佛世尊．餘無知者。是故汝等聞此願王．莫生疑念．應

當諦受。受已能讀·讀已能誦·誦已能持·乃至書寫·廣爲人說。是諸人等·於一念中·所有行願皆得成就·所獲福聚無量無邊·能於煩惱大苦海中·拔濟衆生·令其出離·皆得往生阿彌陀佛極樂世界。爾時普賢菩薩摩訶薩·欲重宣此義·普觀十方而說偈言。

所有十方世界中·三世一切人師子·我以清淨身語意·
一切徧禮盡無餘。普賢行願威神力·普現一切如來前·
一身復現刹塵身·一一徧禮刹塵佛。於一塵中塵數佛·
各處菩薩衆會中·無盡法界塵亦然·深信諸佛皆充滿。
各以一切音聲海·普出無盡妙言辭·盡於未來一切劫·
讚佛甚深功德海。以諸最勝妙華鬘·伎樂塗香及傘蓋·
如是最勝莊嚴具·我以供養諸如來。最勝衣服最勝香·
末香燒香與燈燭·一一皆如妙高聚·我悉供養諸如來·
我以廣大勝解心·深信一切三世佛·悉以普賢行願力·
普徧供養諸如來。我昔所造諸惡業·皆由無始貪瞋癡·
從身語意之所生·一切我今皆懺悔。十方一切諸衆生·
二乘有學及無學·一切如來與菩薩·所有功德皆隨喜。
十方所有世間燈·最初成就菩提者·我今一切皆勸請·
轉於無上妙法輪。諸佛若欲示涅槃·我悉至誠而勸請·
唯願久住刹塵劫·利樂一切諸衆生。所有禮讚供養福·

普賢行願品

遐十

請佛住世轉法輪・ 隨喜懺悔諸善根・ 迴向衆生及佛道。
我隨一切如來學・ 修習普賢圓滿行・ 供養過去諸如來
及與現在十方佛。 未來一切天人師・ 一切意樂皆圓滿
我願普隨三世學・ 速得成就大菩提。 所有十方一切剎
廣大清淨妙莊嚴・ 衆會圍繞諸如來・ 悉在菩提樹王下。
十方所有諸衆生・ 願離憂患常安樂・ 獲得甚深正法利・
滅除煩惱盡無餘。 我爲菩提修行時・ 一切趣中成宿命・
常得出家修淨戒・ 無垢無破無穿漏。 天龍夜叉鳩槃荼
乃至人與非人等・ 所有一切衆生語・ 悉以諸音而說法
勤修清淨波羅蜜・ 恆不忘失菩提心・ 滅除障垢無有餘
一切妙行皆成就。 於諸惑業及魔境・ 世間道中得解脫
猶如蓮華不著水・ 亦如日月不住空。 悉除一切惡道苦
等與一切羣生樂・ 如是經於剎塵劫・ 十方利益恆無盡。
我常隨順諸衆生・ 盡於未來一切劫・ 恆修普賢廣大行・
圓滿無上大菩提。 所有與我同行者・ 於一切處同集會
身口意業皆同等・ 一切行願同修學。 所有益我善知識・
爲我顯示普賢行・ 常願與我同集會・ 於我常生歡喜心。
願常面見諸如來・ 及諸佛子衆圍繞・ 於彼皆興廣大供
盡未來劫無疲厭。 願持諸佛微妙法・ 光顯一切菩提行・
究竟清淨普賢道・ 盡未來劫常修習。 我於一切諸有中・

所修福智恆無盡·定慧方便及解脫·獲諸無盡功德藏。
一塵中有塵數剎·一一剎有難思佛·一一佛處衆會中·
我見恆演菩提行。普盡十方諸剎海·一一毛端三世海·
佛海及與國土海·我徧修行經劫海。一切如來語清淨·
一言具衆音聲海·隨諸衆生意樂音·一一流佛辯才海。
三世一切諸如來·於彼無盡語言海·恆轉理趣妙法輪·
我深智力普能入。我能深入於未來·盡一切劫爲一念·
三世所有一切劫·爲一念際我皆入。我於一念見三世·
所有一切人師子·亦常入佛境界中·如幻解脫及威力。
於一毛端極微中·出現三世莊嚴剎·十方塵剎諸毛端

普賢行願品

還十

我皆深入而嚴淨。所有未來照世燈·成道轉法悟羣有·
究竟佛事示涅槃·我皆往詣而親近。速疾周徧神通力·
普門徧入大乘力·智行普修功德力·威神普覆大慈力·
徧淨莊嚴勝福力·無著無依智慧力·定慧方便威神力·
普能積集菩提力·清淨一切善業力·摧滅一切煩惱力·
降伏一切諸魔力·圓滿普賢諸行力。普能嚴淨諸剎海·
解脫一切衆生海·善能分別諸法海·能甚深入智慧海·
普能清淨諸行海·圓滿一切諸願海·親近供養諸佛海·
修行無倦經劫海。三世一切諸如來·最勝菩提諸行願·
我皆供養圓滿修·以普賢行悟菩提。一切如來有長子·

彼名號曰普賢尊· 我今迴向諸善根· 願諸智行悉同彼。
願身口意恆清淨· 諸行剎土亦復然· 如是智慧號普賢·
願我與彼皆同等。 我爲徧淨普賢行· 文殊師利諸大願·
滿彼事業盡無餘· 未來際劫恆無倦。 我所修行無有量·
獲得無量諸功德· 安住無量諸行中· 了達一切神通力。
文殊師利勇猛智· 普賢慧行亦復然· 我今迴向諸善根·
隨彼一切常修學。 三世諸佛所稱歎· 如是最勝諸大願·
我今迴向諸善根· 爲得普賢殊勝行。 願我臨欲命終時·
盡除一切諸障礙· 面見彼佛阿彌陀· 即得往生安樂剎。
我既往生彼國已· 現前成就此大願· 一切圓滿盡無餘·

普賢行願品
選十

利樂一切衆生界。 彼佛衆會咸清淨· 我時於勝蓮華生·
親覩如來無量光· 現前授我菩提記。 蒙彼如來授記已·
化身無數百俱胝· 智力廣大徧十方· 普利一切衆生界。
乃至虛空世界盡· 衆生及業煩惱盡· 如是一切無盡時·
我願究竟恆無盡。 十方所有無邊剎· 莊嚴衆寶供如來·
最勝安樂施天人· 經一切剎微塵劫· 若人於此勝願王·
一經於耳能生信· 求勝菩提心渴仰· 獲勝功德過於彼。
即常遠離惡知識· 永離一切諸惡道· 速見如來無量光·
具此普賢最勝願。 此人善得勝壽命· 此人善來人中生·
此人不久當成就· 如彼普賢菩薩行。 往昔由無智慧力·

所造極惡五無閒．　誦此普賢大願王．　一念速疾皆消滅。
族姓種類及容色．　相好智慧咸圓滿．　諸魔外道不能摧．
堪爲三界所應供。　速詣菩提大樹王．　坐已降伏諸魔衆．
成等正覺轉法輪．　普利一切諸含識。　若人於此普賢願．
讀誦受持及演說．　果報唯佛能證知．　決定獲勝菩提道。
若人誦此普賢願．　我說少分之善根．　一念一切悉皆圓．
成就衆生清淨願。　我此普賢殊勝行．　無邊勝福皆迴向．
普願沈溺諸衆生．　速往無量光佛刹。

爾時普賢菩薩摩訶薩．於如來前．說此普賢廣大願王清淨偈已。善財童子．踊躍無量．一切菩薩皆大歡喜。如來讚言．善哉善

哉。爾時世尊．與諸聖者菩薩摩訶薩．演說如是不可思議解脫境界勝法門時．文殊師利菩薩而爲上首．諸大菩薩．及所成熟六千比丘。彌勒菩薩而爲上首．賢劫一切諸大菩薩。無垢普賢菩薩而爲上首．一生補處．住灌頂位．諸大菩薩。及餘十方種種世界普來集會．一切刹海極微塵數．諸菩薩摩訶薩衆。大智舍利弗．摩訶目犍連等．而爲上首．諸大聲聞。并諸人天一切世主．天龍夜叉．乾闥婆．阿修羅．迦樓羅．緊那羅．摩睺羅伽．人非人等．一切大衆．聞佛所說．皆大歡喜．信受奉行。

大方廣佛華嚴經普賢菩薩行願品

大方廣佛華嚴經淨行品

唐于闐國三藏沙門實叉難陀譯

爾時智首菩薩問文殊師利菩薩言、佛子、菩薩云何得無過失身語意業、云何得不害身語意業、云何得不可毀身語意業、云何得不可壞身語意業、云何得不退轉身語意業、云何得不可動身語意業、云何得殊勝身語意業、云何得清淨身語意業、云何得無染身語意業、云何得智爲先導身語意業。云何得生處具足、種族具足、家具足、色具足、相具足、念具足、慧具足、行具足、無畏具足、覺悟具足。云何得勝慧、第一慧、最上慧、最勝慧、無量慧、無數慧、不思議慧、無與等慧、不可量慧、不可說慧。云何得因

附華嚴經淨行品

平四

力、欲力、方便力、緣力、所緣力、根力、觀察力、奢摩他力、毗鉢舍那力、思惟力。云何得蘊善巧、界善巧、處善巧、緣起善巧、欲界善巧、色界善巧、無色界善巧、過去善巧、未來善巧、現在善巧。云何善修習念覺分、擇法覺分、精進覺分、喜覺分、猗覺分、定覺分、捨覺分、空、無相、無願。云何得圓滿檀波羅蜜、尸波羅蜜、羼提波羅蜜、毗黎耶波羅蜜、禪那波羅蜜、般若波羅蜜、及以圓滿慈、悲、喜、捨。云何得處非處智力、過未現在業報智力、根勝劣智力、種種界智力、種種解智力、一切至處道智力、禪解脫三昧染淨智力、宿住念智力、無障礙天眼智力、斷諸習智力。云何常得天王、龍王、夜叉王、乾闥婆王、阿修羅王、迦樓羅王、緊那羅王、摩睺羅伽王、

人王·梵王之所守護·恭敬供養。云何得與一切衆生爲依·爲救·爲歸·爲趣·爲炬·爲明·爲照·爲導·爲勝導·爲普導。云何於一切衆生中爲第一·爲大·爲勝·爲最勝·爲妙·爲極妙·爲上·爲無上·爲無等·爲無等等。

爾時文殊師利菩薩告智首菩薩言·善哉佛子·汝今爲欲多所饒益·多所安隱·哀愍世間·利樂天人·問如是義。佛子·若諸菩薩善用其心·則獲一切勝妙功德·於諸佛法·心無所礙·住去來今諸佛之道·隨衆生住·恆不捨離·如諸法相·悉能通達·斷一切惡·具足衆善·當如普賢色像第一·一切行願·皆得具足·於一切法無不自在·而爲衆生第二導師。佛子·云何用心·能獲一切勝妙

功德。佛子·

菩薩在家　當願衆生　知家性空　免其逼迫。

孝事父母　當願衆生　善事於佛　護養一切。

妻子集會　當願衆生　怨親平等　永離貪著。

若得五欲　當願衆生　拔除欲箭　究竟安隱。

伎樂聚會　當願衆生　以法自娛　了伎非實。

若在宮室　當願衆生　入於聖地　永除穢欲。

著瓔珞時　當願衆生　捨諸僞飾　到眞實處。

上昇樓閣　當願衆生　昇正法樓　徹見一切。

若有所施　當願衆生　一切能捨　心無愛著。

衆會聚集　當願衆生　捨衆聚法　成一切智。

若在厄難　當願衆生　隨意自在　所行無礙。

捨居家時

當願衆生 出家無礙 心得解脫。 入僧伽藍 當願衆生
演說種種 無乖諍法。 詣大小師 當願衆生 巧事師長
習行善法。 求請出家 當願衆生 得不退法 心無障礙。
脫去俗服 當願衆生 勤修善根 捨諸罪軛。 鬀除鬚髮
當願衆生 永離煩惱 究竟寂滅。 著袈裟衣 當願衆生
心無所染 具大仙道。 正出家時 當願衆生 同佛出家
救護一切。 自歸於佛 當願衆生 紹隆佛種 發無上意。
自歸於法 當願衆生 深入經藏 智慧如海。 自歸於僧
當願衆生 統理大衆 一切無礙。 受學戒時 當願衆生
善學於戒 不作衆惡。 受闍黎教 當願衆生 具足威儀
所行眞實。 受和尙教 當願衆生 入無生智 到無依處。
受具足戒 當願衆生 具諸方便 得最勝法。 若入堂宇
當願衆生 昇無上堂 安住不動。 若敷牀座 當願衆生
開敷善法 見眞實相。 正身端坐 當願衆生 坐菩提座
心無所著。 結跏趺坐 當願衆生 善根堅固 得不動地。
修行於定 當願衆生 以定伏心 究竟無餘。 若修於觀
當願衆生 見如實理 永無乖諍。 捨跏趺坐 當願衆生
觀諸行法 悉歸散滅。 下足住時 當願衆生 心得解脫
安住不動。 若舉於足 當願衆生 出生死海 具衆善法
著下裙時 當願衆生 服諸善根 具足慚愧。 整衣束帶

當願衆生　檢束善根　不令散失。若著上衣　當願衆生　獲勝善根　至法彼岸。著僧伽黎　當願衆生　入第一位　得不動法。手執楊枝　當願衆生　皆得妙法　究竟清淨。嚼楊枝時　當願衆生　其心調淨　噬諸煩惱。大小便時　當願衆生　棄貪瞋癡　蠲除罪法。事訖就水　當願衆生　出世法中　速疾而往。洗滌形穢　當願衆生　清淨調柔　畢竟無垢。以水盥掌　當願衆生　得清淨手　受持佛法。以水洗面　當願衆生　得淨法門　永無垢染。手執錫杖　當願衆生　設大施會　示如實道。執持應器　當願衆生　成就法器　受天人供。發趾向道　當願衆生　趣佛所行　入無依處。若在於道　當願衆生　能行佛道　向無餘法。涉路而去　當願衆生　履淨法界　心無障礙。見昇高路　當願衆生　永出三界　心無怯弱。見趣下路　當願衆生　其心謙下　長佛善根。見斜曲路　當願衆生　捨不正道　永除惡見。若見直路　當願衆生　其心正直　無諂無誑。見路多塵　當願衆生　遠離塵坌　獲清淨法。見路無塵　當願衆生　常行大悲　其心潤澤。若見險道　當願衆生　住正法界　離諸罪難。若見衆會　當願衆生　說甚深法　一切和合。若見大柱　當願衆生　離我諍心　無有忿恨。若見叢林　當願衆生　諸天及人　所應敬禮。若見高山

附華嚴經淨行品　平四

若見叢林　當願衆生　諸天及人　所應敬禮　若見高山
一切和合　若見大柱　當願衆生　離我諍心　無有忿恨
住正法界　離諸罪難　若見衆會　當願衆生　說甚深法
當願衆生　常行大悲　其心潤澤　若見險道　當願衆生
見諸多塵　當願衆生　遠離塵垢　發清淨法　見路無塵
永除惡見　若見直路　當願衆生　其心正直　無諂無誑
其心謙下　長養善根　見於曲路　當願衆生　捨不正道
當願衆生　永出三界　心無怯弱　見趣下路　當願衆生
遊路而去　當願衆生　履淨法界　心無障礙　見昇高路
人無沈溺　若在於道　當願衆生　能行佛道　向無餘法

成就法器　受天人供　發趣向道　當願衆生　趣佛所行
當願衆生　設大施會　示如實道　執持應器　當願衆生
以水洗面　當願衆生　得淨法門　永無垢染　手執錫杖
畢竟無垢　以水盥掌　當願衆生　得清淨手　受持佛法
由世法中　速疾而往　洗滌形穢　當願衆生　清淨調柔
當願衆生　棄貪瞋癡　蠲除罪法　事訖就水　當願衆生
嚼楊枝時　當願衆生　其心調淨　出諸煩惱　大小便時
得不動法　手執楊枝　當願衆生　皆得妙法　究竟清淨
攝斷善根　至法彼岸　善價而蓄　當願衆生　人第一位
當願衆生　檢束善根　不合散失　若著上衣　當願衆生

附華嚴經淨行品

平四

當願衆生 善根超出 無能至頂。見棘刺樹 當願衆生 疾得翦除 三毒之刺。見樹葉茂 當願衆生 以定解脫 而爲蔭映。若見華開 當願衆生 神通等法 如華開敷。若見樹華 當願衆生 衆相如華 具三十二。若見果實 當願衆生 獲最勝法 證菩提道。若見大河 當願衆生 得預法流 入佛智海。若見陂澤 當願衆生 疾悟諸佛 一味之法。若見池沼 當願衆生 語業滿足 巧能演說。若見汲井 當願衆生 具足辯才 演一切法。若見涌泉 當願衆生 方便增長 善根無盡。若見橋道 當願衆生 廣度一切 猶如橋梁。若見流水 當願衆生 得善意欲 洗除惑垢。見修園圃 當願衆生 五欲圃中 耘除愛草。見無憂林 當願衆生 永離貪愛 不生憂怖。若見園苑 當願衆生 勤修諸行 趣佛菩提。見嚴飾人 當願衆生 三十二相 以爲嚴好。見無嚴飾 當願衆生 捨諸飾好 具頭陀行。見樂著人 當願衆生 以法自娛 歡愛不捨。見無樂著 當願衆生 有爲事中 心無所樂。見歡樂人 當願衆生 常得安樂 樂供養佛。見苦惱人 當願衆生 獲根本智 滅除衆苦。見無病人 當願衆生 入眞實慧 永無病惱。見疾病人 當願衆生 知身空寂 離乖諍法。見端正人 當願衆生 於佛菩薩 常生淨信。見醜陋人

當願衆生　於不善事　不生樂著。　見報恩人　當願衆生
於佛菩薩　能知恩德。　見背恩人　當願衆生　於有惡人
不加其報。　若見沙門　當願衆生　調柔寂靜　畢竟第一。
見婆羅門　當願衆生　永持梵行　離一切惡。　見苦行人
當願衆生　依於苦行　至究竟處。　見操行人　當願衆生
堅持志行　不捨佛道。　見著甲冑　當願衆生　常服善鎧
趣無師法。　見無鎧仗　當願衆生　永離一切　不善之業。
見論議人　當願衆生　於諸異論　悉能摧伏。　見正命人
當願衆生　得清淨命　不矯威儀。　若見於王　當願衆生
得爲法王　恆轉正法。　若見王子　當願衆生　從法化生

附華嚴經淨行品　平四

而爲佛子。　若見長者　當願衆生　善能明斷　不行惡法。
若見大臣　當願衆生　恆守正念　習行衆善。　若見城郭
當願衆生　得堅固身　心無所屈。　若見王都　當願衆生
功德共聚　心恆喜樂。　見處林藪　當願衆生　應爲天人
之所歎仰。　入里乞食　當願衆生　入深法界　心無障礙。
到人門戶　當願衆生　入於一切　佛法之門。　入其家已
當願衆生　得入佛乘　三世平等。　見不捨人　當願衆生
常不捨離　勝功德法。　見能捨人　當願衆生　永得捨離
三惡道苦。　若見空鉢　當願衆生　其心清淨　空無煩惱。
若見滿鉢　當願衆生　具足成滿　一切善法。　若得恭敬

當願衆生 恭敬修行 一切佛法。 不得恭敬 當願衆生
不行一切 不善之法。 見慚恥人 當願衆生 具慚恥行
藏護諸根。 見無慚恥 當願衆生 捨離無慚 住大慈道。
若得美食 當願衆生 滿足其願 心無羨欲。 得不美食
當願衆生 莫不獲得 諸三昧味。 得柔輭食 當願衆生
大悲所熏 心意柔輭。 得麤澀食 當願衆生 心無染著
絕世貪愛。 若飯食時 當願衆生 禪悅爲食 法喜充滿
若受味時 當願衆生 得佛上味 甘露滿足。 飯食已訖
當願衆生 所作皆辦 具諸佛法。 若說法時 當願衆生
得無盡辯 廣宣法要。 從舍出時 當願衆生 深入佛智

附華嚴經淨行品 平四

永出三界。 若入水時 當願衆生 入一切智 知三世等。
洗浴身體 當願衆生 身心無垢 內外光潔。 盛暑炎毒
當願衆生 捨離衆惱 一切皆盡。 暑退涼初 當願衆生
證無上法 究竟清涼。 諷誦經時 當願衆生 順佛所說
總持不忘。 若得見佛 當願衆生 得無礙眼 見一切佛。
諦觀佛時 當願衆生 皆如普賢 端正嚴好。 見佛塔時
當願衆生 尊重如塔 受天人供。 敬心觀塔 當願衆生
諸天及人 所共瞻仰。 頂禮於塔 當願衆生 一切天人
無能見頂。 右繞於塔 當願衆生 所行無逆 成一切智。
繞塔三帀 當願衆生 勤求佛道 心無懈歇。 讚佛功德

大佛頂首楞嚴經卷第六四種決定清淨明誨

佛告阿難、汝常聞我毗奈耶中、宣說修行三決定義。所謂攝心爲戒、因戒生定、因定發慧、是則名爲三無漏學。

阿難、云何攝心、我名爲戒、若諸世界六道衆生、其心不婬、則不隨其生死相續、汝修三昧、本出塵勞、婬心不除、塵不可出、縱有多智禪定現前、如不斷婬、必落魔道、上品魔王、中品魔民、下品魔女。彼等諸魔、亦有徒衆、各各自謂成無上道。我滅度後末法之中、多此魔民、熾盛世間、廣行貪婬、爲善知識、令諸衆生、落愛見坑、失菩提路。汝教世人修三摩地、先斷心婬、是名如來先佛世尊第一決定清淨明誨。是故阿難、若不斷婬修禪定者、如蒸沙石、欲其成飯、經百千劫、祇名熱沙。何以故、此非飯本、沙石成故。汝以婬身、求佛妙果、縱得妙悟、皆是婬根、根本成婬、輪轉三塗、必不能出、如來涅槃、何路修證。必使婬機身心俱斷、斷性亦無、於佛菩提、斯可希冀。如我此說、名爲佛說、不如此說、卽波旬說。

阿難、又諸世界六道衆生、其心不殺、則不隨其生死相續。汝修三昧、本出塵勞、殺心不除、塵不可出、縱有多智禪定現前、如不斷殺、必落神道、上品之人、爲大力鬼、中品則爲飛行夜叉諸鬼帥等、下品當爲地行羅刹。彼諸鬼神、亦有徒衆、各各自謂成無上道。我滅度後末法之中、多此鬼神、熾盛世間、自言食肉得菩

提路。阿難·我令比丘食五淨肉·此肉皆我神力化生·本無命根。汝婆羅門地多蒸溼·加以沙石·草菜不生。我以大悲神力所加·因大慈悲假名爲肉·汝得其味。奈何如來滅度之後·食衆生肉·名爲釋子。汝等當知·是食肉人·縱得心開·似三摩地·皆大羅刹·報終必沈生死苦海·非佛弟子。如是之人·相殺相吞·相食未已·云何是人得出三界。汝教世人修三摩地·次斷殺生·是名如來先佛世尊第二決定清淨明誨。是故阿難·若不斷殺修禪定者·譬如有人·自塞其耳·高聲大叫·求人不聞·此等名爲欲隱彌露。清淨比丘及諸菩薩·於歧路行·不蹋生草·況以手拔·云何大悲·取諸衆生血肉充食。若諸比丘·不服東方絲緜絹帛·及是此土

靴履裘毳·乳酪醍醐。如是比丘·於世眞脫·酬還宿債·不遊三界。何以故·服其身分·皆爲彼緣。如人食其地中百穀·足不離地。必使身心·於諸衆生·若身身分·身心二塗·不服不食·我說是人眞解脫者。如我此說·名爲佛說·不如此說·卽波旬說。

阿難·又復世界六道衆生·其心不偸·則不隨其生死相續。汝修三昧·本出塵勞·偸心不除·塵不可出。縱有多智·禪定現前·如不斷偸·必落邪道。上品精靈·中品妖魅·下品邪人·諸魅所著。彼等羣邪·亦有徒衆·各各自謂成無上道。我滅度後·末法之中·多此妖邪·熾盛世間·潛匿姦欺·稱善知識·各自謂己得上人法·詃惑無識·恐令失心·所過之處·其家耗散。我教比丘·循方乞食·令其

捨貪成菩提道。諸比丘等、不自熟食、寄於殘生、旅泊三界、示一往還、去已無返。云何賊人、假我衣服、裨販如來、造種種業、皆言佛法。卻非出家具戒比丘、為小乘道、由是疑誤無量眾生、墮無閒獄。若我滅後、其有比丘、發心決定修三摩地、能於如來形像之前、身然一燈、燒一指節、及於身上爇一香炷、我說是人、無始宿債、一時酬畢、長揖世閒、永脫諸漏、雖未即明無上覺路、是人於法已決定心。若不為此捨身微因、縱成無為、必還生人、酬其宿債。如我馬麥正等無異。汝教世人修三摩地、後斷偷盜、是名如來先佛世尊第三決定清淨明誨。是故阿難、若不斷偷修禪定者、譬如有人、水灌漏卮、欲求其滿、縱經塵劫、終無平復。若諸比丘、衣鉢之餘、分寸不畜、乞食餘分、施餓眾生。於大集會、合掌禮眾。有人捶詈、同於稱讚。必使身心、二俱捐捨、身肉骨血、與眾生共。不將如來不了義說、迴為已解、以誤初學。佛印是人、得真三昧。如我所說、名為佛說、不如此說、即波旬說。

阿難、如是世界六道眾生、雖則身心無殺盜淫、三行已圓、若大妄語、即三摩地不得清淨、成愛見魔、失如來種。所謂未得謂得、未證言證、或求世閒尊勝第一、謂前人言、我今已得須陀洹果、斯陀含果、阿那含果、阿羅漢道、辟支佛乘、十地地前諸位菩薩、求彼禮懺、貪其供養。是一顛迦、銷滅佛種、如人以刀斷多羅木。佛記是人、永殞善根、無復知見、沈三苦海、不成三昧。我滅度後、

勅諸菩薩及阿羅漢應身生彼末法之中作種種形度諸輪轉。或作沙門白衣居士人王宰官童男童女如是乃至淫女寡婦姦偷屠販與其同事稱讚佛乘令其身心入三摩地。終不自言我眞菩薩眞阿羅漢洩佛密因輕言未學。唯除命終陰有遺付。云何是人惑亂衆生成大妄語。汝教世人修三摩地後復斷除諸大妄語是名如來先佛世尊第四決定清淨明誨。是故阿難若不斷其大妄語者如刻人糞爲栴檀形欲求香氣無有是處。我教比丘直心道場於四威儀一切行中尚無虛假云何自稱得上人法。譬如窮人妄號帝王自取誅滅。況復法王如何妄竊因地不眞果招紆曲。求佛菩提如噬臍人欲誰成就。若諸比丘心如直弦一切眞實入三摩地永無魔事。我印是人成就菩薩無上知覺。如我所說名爲佛說。不如此說卽波旬說。

戒定慧三學爲學佛及修淨業者之根本而戒尤爲要。故觀無量壽佛經開示淨業三福一則孝養父母奉事師長慈心不殺修十善業。二則受持三歸具足衆戒不犯威儀。三則發菩提心深信因果讀誦大乘勸進行者。初二多屬戒學三則三學圓具。具此三福則淨業大成往生上品。故于淨土五經後附華嚴經淨行品及楞嚴經四種清淨明誨。以期淨業行者于律儀戒之執身不作進而得定共戒之制心不起及道共戒之超情離念斷惑證眞。然縱得定共道共二種實益猶當兢兢業業執持律儀戒以爲自利利他維持法道之軌範。則空解脫人無由以大乘藉口而因之以壞亂佛法疑悞衆生也。

民國二十五年歲次丙子仲春釋印光敬跋。

圖書在版編目（CIP）數據

淨土五經 / 印光法師校訂；弘化社編．－北京：中華書局，2015.9

ISBN 978-7-101-11212-2

Ⅰ．淨… Ⅱ．①印… ②弘… Ⅲ．淨土宗－佛經 Ⅳ．B946.8

中國版本圖書館 CIP 數據核字（2015）第 204368 號

責任編輯：劉樹林

淨土五經

印光法師　校訂　弘化社　編

*

中 華 書 局 出 版 發 行

（北京市豐臺區太平橋西里 38 號　100073）

http://www.zhbc.com.cn

E-mail:zhbc@zhbc.com.cn

揚州古籍綫裝文化有限公司印刷

*

2015 年 9 月北京第 1 版　2017 年 9 月第 2 次印刷

印數：20001—60300 冊　定價：360.00 元

ISBN 978-7-101-11212-2